Le poing dans la bouche

Éditions Verdier
11220 Lagrasse

Du même auteur

En présence du Dieu absent, Bayard, 2001
Quand Freud voit la mer, Buchet-Chastel, 2000
La Traversée des fleuves, Seuil, 1999
Molière ou la liberté mise à nu, Circé, 1997
La Matière de l'écriture, Circé, 1997
Quand Freud attend le verbe, Buchet-Chastel, 1996
La Forêt interrompue, Seuil, 1991
Narcisse puni, Plon, 1990
Peter Handke, Seuil, 1988
Un jardin en Allemagne, Seuil, 1986
La Ligne de fuite, Flammarion, 1984
Jean-Jacques Rousseau ou l'esprit de solitude, Phébus, 1978
Le Fidibus, Julliard, 1972
Un corps dérisoire, Julliard, 1972

Choix de traductions :

Peter Handke, *Lucie dans la forêt avec les truc-machins,* Gallimard, 2002
Peter Handke, *Par une nuit obscure je sortis de ma maison tranquille,* Gallimard, 2001
Peter Handke, *Histoire d'enfant,* Gallimard, 2001
Peter Handke, *Essai sur la fatigue,* Gallimard, 1998
Peter Handke, *Encore une fois pour Thucydide,* Bourgois, 1996
Adalbert Stifter, *L'Homme sans postérité,* Seuil, 1995
Nietzsche, *Ainsi parlait Zarathoustra,* LGF, 1983
Kafka, *Le Château,* Press Pocket, 1976
Kafka, *Le Procès,* Press Pocket, 1974

Georges-Arthur Goldschmidt

Le poing dans la bouche

Un parcours

VERDIER

www.editions-verdier.fr

ISBN : 2-86432-404-0

Pour Patrice Loraux,
en souvenir de Nicole.

… mais la chambre est vide, personne ne se soucie de moi, c'est comme si on disait : Laissez-le, vous ne voyez pas comme son affaire le remplit, comme s'il avait un poing dans la bouche.

FRANZ KAFKA, *Lettre à Milena.*

Quand apparaît le fier et malicieux visage tout baigné par la jeune lumière de son rire – douleur qui fait reculer le sang et retourne cruellement le cœur dans sa faute, douleur pareille à du sel dans la plaie. Épreuve justicière, interminable expiation qui se vit dans la déchéance de survivre.

LOUIS-RENÉ DES FORÊTS, *Ostinato.*

Certains livres peuvent déterminer et orienter une vie entière et, quand on a eu la chance de les rencontrer et même de les traduire (Le Procès *en 1974 et* Le Château *en 1976*), *ils se manifestent en vous par le besoin de raconter cette découverte. Celle-ci est précédée de tout un itinéraire qui l'établit et y conduit et qui, d'une langue à l'autre, permet d'en vivre l'intimité – dramatique pour l'une, détachée et sereine pour l'autre.*

C'est par la langue française que la langue allemande fut sauvée de sa contamination par le nazisme qui la marqua du crime à tout jamais. De livre en livre et de langue en langue se précise ce qu'on cherche sans jamais le trouver tout à fait, jusqu'à la rencontre définitive qui met en place tout ce qui fut parcouru. Ainsi le point de départ, en 1943, n'est autre que le point d'arrivée, en 1950.

Comment certains livres deviennent la matière vive du lecteur pour le reste de la vie, c'est cet itinéraire que ces pages voudraient retracer.

I

La surrection initiale

Tout commence un jour d'octobre 1943 dans l'angoisse, la solitude et la honte de l'occupation de la France par les nazis. On se trouve, tout à coup, ajusté à une étrange constatation verticale, sans contenu, sans dimension, dont on était toujours accompagné et qui soudain se détache avec une netteté et une intensité toutes particulières. C'est une simple certitude d'être, une surrection originelle par laquelle on tombe véritablement en soi. C'est une commotion, un établissement, une fulguration dont naît l'assise qui sera invariable tout au long de la vie. En même temps, on entend le chant du foehn, ce vent du Sud, qui traverse la montagne et paraît soulever la maison, la rehausser, la faire se dresser comme serrée par toute l'immensité qui se déploie autour.

Ce fut une ivresse brève : un élancement, un surgissement, un enthousiasme indicible, une exaltation qui m'arracha des larmes, à sentir que ce point central sans appui et hors des mots était bien ce autour de quoi le langage allait se disposer sans y accéder, point vide qui donnait lieu aux mots.

Une telle découverte, ce « *je suis, j'existe* », oriente à jamais l'esprit d'un enfant désemparé, perdu, exilé et menacé de mort parce que né chrétien de « mauvaise race ».

Cette expérience fut d'autant plus saisissante, plus essentielle que j'étais davantage menacé – du fait de mes origines – dans ma simple survie, au point que toute phrase lue au hasard dans un livre devenait tout à la fois et recours et preuve.

Dans ce sévère internat des Alpes de Haute-Savoie où je vivais à ce moment-là, il y avait fort peu de livres, si ce n'est des livres de latin et les *Morceaux choisis* pour les établissements d'enseignement catholique des éditions J. de Gigord. Dans l'adolescence, on feuillette plus qu'on ne lit.

Pascal, dont il existait là-bas un exemplaire des *Pensées,* se prête, par la brièveté de celles-ci, à ces saisissements qui par-delà l'ordre de la lecture font retrouver l'éblouissement inaugural. Le regard s'est arrêté sur « *le mouvement infini, le point qui remplit tout, le moment de repos infini, sans quantité, indivisible et infini* » (232). Ce n'était pas de l'ordre de la compréhension, mais du saisissement. « *Le silence éternel de ces espaces infinis m'effraye.* » C'était la même chose que ce qui m'était arrivé, juste avant, seul au dortoir, tout en haut de la maison, cette soudaine saisie, à vous couper le souffle.

Le corps était donc à proximité des mots pour que de la « pensée » fasse à ce point à la fois trembler et suffoquer. Dans ce recueil de *Morceaux choisis* il y avait des *Maximes* de La Rochefoucauld dont le cynisme lumineux, la bienfaisante méchanceté et les retournements de sens se mirent en creux dans cette matière de pensée. Les *Maximes* resserraient le ventre, c'était pointu et alerte, à travers elles la langue française m'apparaissait, vive, rapide, nette. Cette façon qu'elle avait d'aller droit au but, cette minceur du français faisaient dans le corps un étrange effet acéré et presque gai.

Jusqu'en 1943, j'avais vécu dans l'affolement, de punition en punition, sans pensées, d'avanies en avanies, sans même me rendre compte que moi, petit Allemand réfugié, je parlais déjà le français comme si je l'avais parlé depuis toujours, comme si c'était une autre langue maternelle.

Or, tout arriva en même temps, ce même jour d'octobre 1943 fut celui aussi d'un double accès à l'écriture. Au lieu de me donner, comme de coutume, à copier deux cents fois : « Je dois apprendre à ne pas bavarder en classe » ou « Je vais recevoir la fessée parce que je suis un paresseux », on se mit en tête de me faire copier « Le distrait » extrait des *Caractères* de La Bruyère. C'était la première fois que j'écrivais du français de cette façon-là. J'eus l'impression de planer au-dessus du texte, je n'avais jamais encore remarqué le bizarre et pittoresque agencement de toutes ces lettres qu'on n'entendait pas, pour la plupart, quand on lisait à haute voix et qui semblaient orner la page ; leur succession me surprenait, cela virevoltait élégamment. Dans la détresse quotidienne, cette langue que je recopiais ainsi faisait un surprenant et merveilleux refuge.

Tout y était différent de mon allemand maternel. Tout s'y passait autrement. Sous les phrases parfaites de La Bruyère se profilait, malgré moi, cette langue allemande. Elle était là, bloc d'effroi et de terreur, comme si on avait supplié jusqu'aux arbres de prendre votre place ; jusqu'aux clôtures de jardin qu'on enviait de ne pas être vous. Les uniformes brun-jaune avec le baudrier oblique du parti nazi, le NSDAP : l'épicier, le marchand de charbon, l'instituteur, tous ces gens qu'on connaissait et redoutait, raides, bottés, en rangs, qui défilaient dans les rues du village en brandissant le drapeau à croix gammée.

Il y avait eu aussi, dès 1937, ces silences soudains des parents à l'arrivée des enfants, comme s'ils restaient suspendus à leurs gestes interrompus, comme si leurs lèvres gardaient la marque des derniers mots prononcés, on savait trop bien lesquels : « Hitler », « Juifs », « là-bas » ou peut-être même « KZ », mot qui était sur toutes les lèvres.

Personne n'en disait rien, mais tout le monde savait, même moi, je sentais bien que le paysage que je voyais était à double fond. Il y avait le dessus quotidien et tranquille avec les hêtres aux troncs irisés de vert et au-dessous il y avait une terreur sans fond qui remontait à la surface et assombrissait toute chose. Ces gros hommes placides et pacifiques qui sortaient leurs tourniquets de cartes postales sur le trottoir ou mettaient leurs lots de shampooing dans la vitrine, les voilà soudain en uniformes caca d'oie, la bouche tordue par la haine, et défilant au pas de l'oie. Tout était devenu gris et opaque. Il y avait des endroits familiers où on n'allait plus. L'horizon intérieur était bordé de grands écroulements. Une plaque verticale vous coupait en deux, on était comme audessous de soi-même, comme si on voulait se réfugier dans sa propre cave, y devenir chais.

Les grands chênes échevelés au vent qui passait sur la plaine bordée très loin par les arbres d'une route encore inconnue et de maisons basses, le ciel chevauché de nuages maritimes, le moulin à vent dont les ailes disparaissaient et réapparaissaient derrière le tertre, tout depuis 1937 était séparé, en retrait, interdit. La peur était tombée sur l'Allemagne désormais figée par une menace omniprésente qui nous raidissait les jambes, nous enfants qui nous devinions proscrits sans savoir pourquoi.

Le pays tout entier semblait renversé, changé par la peur muée en enthousiasme menteur, les gens s'étaient fondus aux choses, aux injonctions, et le dos s'en arquait chaque fois d'angoisse. Mon allemand maternel s'était mis à sonner abrupt, cru et dur, cela vous saisissait aux hanches, on l'entendait de loin, émis du fond de gorge, râpeux dans la cour de l'école quand Tralau, le directeur d'école nazi, à la nuque de bœuf, hurlait ses injures contre les *Minderwertigen*, les sans valeur et les *Volksverräter*, les traîtres à la race.

Cet allemand-là, froid, sec, graniteux, coupait tout, décapitait, glaçait, figeait, c'était comme si le régime nazi avait ingurgité, phagocyté la langue et s'en servait pour cimenter les esprits. Quand on se laissait aller, comme si rien n'était changé, et que le regard s'élargissait et éloignait l'horizon, aussitôt une secousse vous traversait : un SA en uniforme brun pouvait déboucher de n'importe où et vous emmener.

On avait toujours cette présence dans le dos et c'est elle qui me revenait pendant que je copiais : *« Ménalque descend son escalier ouvre sa porte pour sortir, il la referme ; il s'aperçoit qu'il est en bonnet de nuit, et venant à mieux s'examiner, il se trouve rasé à moitié, il voit que son épée est mise du côté droit, que ses bas sont rabattus sur ses talons, et que sa chemise est par-dessus ses chausses. »*

Sous le texte de La Bruyère, la langue maternelle se prolongeait comme une masse muette : *« S'il marche dans les places il se sent tout d'un coup rudement frapper à l'estomac, au visage, il ne soupçonne point ce que ce peut être, jusqu'à ce que, ouvrant les yeux et se réveillant, il se trouve ou devant un limon de charrette ou derrière un long ais de menuiserie que porte un ouvrier sur ses épaules. »*

Il y avait quelque chose de gai dans cette succession cocasse de toutes ces lettres qui ne se prononçaient pas. Bien que ce fût une punition, je ressentis du plaisir à recopier cette langue dont on comprenait si bien ce qu'on n'y entendait pas, les *-oing*, les *-ant*, les *-ait*, les *-ier* qu'on retrouvait partout. Cette fameuse orthographe dont tout le monde parlait, commençait à me fasciner.

Le français avait quelque chose de mondain, de meublé, une langue pour tapisseries, médaillons et bergères. C'était une langue qui filait en bouche, qu'on pouvait prendre au coin des lèvres et qui passait toute seule. Elle n'avait pas les rondeurs ni les soulèvements de l'allemand ni ses douceurs ni ses duretés. L'allemand, ma langue maternelle, me prenait le corps autrement que le français, lequel était au-dessus, calé sur l'assise de l'allemand que, par honte de mes origines, je croyais pouvoir oublier. À dix ans, comme tout enfant allemand, j'étais en pleine possession de la langue puisque tout, en elle, est fait de ses propres éléments. On en est pénétré au plus intime de soi. Les bruits, les couleurs, les consistances, tout s'apprend dans l'émerveillement de la langue maternelle, la maison, le jardin ou l'école forment les sédiments de l'être-soi. La langue, c'est le train qui passe dans le lointain, haut sur roues, ce sont les reflets de l'eau sous la voûte du pont, ce sont les voix qui appellent, le *Rascheln* des feuilles mortes dont le pied retourne l'épaisseur.

Mais elle se confondait aussi, à l'arrière-plan, avec l'angoisse et la peur physique souvent éprouvée entre 1936 et 1938, à l'orée du Sachsenwald où la clarté des hêtres se heurtait partout au fond sombre des sapins. On allait à bicyclette, à travers la forêt, voir le tombeau de Bismarck, une courte bâtisse ronde avec des fenêtres, à vitraux jaunes, pas loin de la gare de Friedrichsruh, c'était à deux pas. Dans les rues du village, les gens marchaient tête dressée, balançant le bras comme s'ils portaient une arme. Les visages étaient devenus farouches, tout le monde s'apprêtait à faire justice.

Le poids de la langue, sa consistance, m'étaient restés dans le corps. Des arbres noirs se dressaient sur le jaune profond des feuilles, à la tombée du soir, avant qu'ils ne sombrent dans la nuit : l'inquiétude de ne pas retrouver la maison toute proche et les voix qui parlent fort et font retentir des syllabes pleines et larges, et les consonnes gutturales tirées du fond de gorge, les *ach,* les *krächzen,* les *kratzen,* les *machen* qui font passer l'air sous la pointe de la langue.

Les voyelles y sonnaient et on en avait plein la cage thoracique, et pourtant le *Brüllen,* les gueulements, les braillements, les aboiements s'entendaient désormais partout, à l'école et dans les rues du village ; cette langue, à la moindre occasion était expectorée, on ne la parlait presque plus que par commandements hurlés dans la petite rue montante du village, le Schmiedesberg ; c'est là qu'il y avait le coiffeur et le marchand de charbon devant qui chacun passait en exécutant le *deutscher Gruß,* le salut hitlérien que le *Führer* avait imposé comme instrument de domestication infaillible.

Il fallait lever le bras et ce cri de *Heil Hitlaaa !* lacérait véritablement le corps de l'intérieur, le déchirait, c'était un cri de mort. Je n'y reconnaissais pas ma langue maternelle, si secrète et mélodieuse quand ma mère chantait ou me lisait le soir un conte de Grimm ou de Corlshorn. Or ces contes, déjà, recelaient à la fois l'espace du rêve et l'effroi : on y découvrait des mondes souterrains, pleins de soleil et de grand air, sous le monde réel auquel on accédait par des escaliers ; il y avait des collines qui tendaient la main, des tables toutes dressées qui descendaient de nulle part, mais c'était plein aussi d'enfants abandonnés dans des forêts. On y apprenait le *Gruseln*, cet effroi particulier et délicieux qui vous descend glacé le long de l'échine.

Un jour, ma mère me lut ce conte que je n'oubliai plus, ce n'est que bien des années plus tard, en lisant un passage dans un livre de Henry Miller, que je compris pourquoi il était toujours resté dans ma mémoire :

« *Dans une ville nommée Franecker, située en Frise de l'Ouest, il arriva que des enfants de cinq ou six ans, filles et garçons jouent ensemble, ils ordonnèrent à un garçon d'être le boucher, à un autre d'être le cuisinier et un troisième serait la truie. À une fillette ils ordonnèrent d'être la cuisinière, une autre encore serait l'aide de cuisine qui recevrait le sang de la truie dans un récipient pour qu'on en fasse du boudin. Le boucher, comme convenu, s'en prit au petit garçon qui devait faire la truie, le jeta à terre et lui trancha la gorge avec un petit couteau, et l'aide de cuisine recueillit le sang dans un récipient. Un conseiller qui passe là par hasard s'aperçoit du drame et sur le champ emmène le boucher dans la maison du maire, lequel aussitôt fait assembler tout le conseil. Ils étaient tous assis là à délibérer sur cette affaire et ne savaient pas ce qu'ils devaient faire car ils voyaient bien que c'était arrivé par naïveté enfantine. L'un d'entre eux, un sage vieil homme, donna au juge suprême le conseil de prendre une belle pomme rouge d'une main et un thaler d'or de l'autre, d'appeler l'enfant et de tendre les deux mains vers lui, s'il prenait la pomme, on devrait le reconnaître innocent, s'il prenait le sou d'or il faudrait le tuer. C'est ce qu'on fait, mais l'enfant prend la pomme en riant et est déclaré dégagé de toute punition. »*

L'enfant avait peut-être deviné le sublime usage de la pomme évidée.

La plupart de ces contes contenaient une menace, quelque chose d'obscur et d'inquiétant, l'allemand en était fort et précis, net et sans détours, d'une violence à fleur de récit dont on ne se débarrassait pas.

Mais il y avait aussi les chants de Noël, *Stille Nacht, heilige Nacht,* les assiettes de friandises, les anneaux de sucre accrochés aux branches du sapin et les déceptions secrètes et inavouables, comme si déjà on ne pouvait pas tout confier au langage.

Sous la langue d'accueil, l'autre langue donc continuait à vivre, cette langue qu'on avait dans le corps et au travers de laquelle s'étaient mises en place les impressions premières : le chant du coucou, le craquement des moyeux de charrettes, la voix des parents, le passage du vent, les premiers mensonges et les premiers émerveillements, la langue maternelle, la langue tant aimée avait tout accompagné.

Mais la langue m'était interdite, je le savais – et peut-être le marchand de charbon de mon village natal qui m'avait refusé la carte d'Allemagne qu'il donnait à tous les autres enfants au sortir de l'école me l'avait-il déjà dit : *Wenn ein Jude deutsch spricht, lügt er,* quand un Juif parle allemand, il ment.

Or moi, typique nègre-blanc, je ne l'étais pas ou plutôt je ne l'étais que parce que mes grands-parents n'avaient pas été baptisés protestants à leur naissance. C'était ce qu'on nommait « les lois de Nuremberg », qui vous fixaient votre pedigree au nombre d'ancêtres. Une religion devenait donc une race, on était non seulement au comble du crime, mais aussi au comble de la bêtise. Du coup, je ne compris pas pourquoi j'étais interdit de parole, moi enfant chrétien qui ignorais tout de cette « identité » dont j'avais toujours su, pourtant, qu'elle était mienne. J'avais toujours su que je n'aurais pas dû exister, au fond, que ce n'était pas normal d'exister quand on était moi, et pourtant ma langue m'était si naturelle, elle faisait tellement partie de moi que je la confondais avec l'air que je respirais, sa poésie était mienne comme le souffle de ma mère.

La sensation de bouche, le glissement des mots, le rythme des phrases me procuraient une satisfaction corporelle à nulle autre pareille. C'était de cette langue qu'était faite la tessiture profonde de mon âme et c'était elle qu'on m'interdisait, c'est par elle qu'on me signifiait d'avoir à disparaître, bouche inutile, parasite destiné à l'élimination.

Désormais le moindre vers, la moindre ligne qui me tombait sous les yeux ou que par hasard j'entendais dire, étaient aussitôt recouverts d'une pellicule transparente qui les séparait de moi ; cela tombait sur la poitrine telle une douleur et, comme la honte, on ne pouvait en faire part à personne. On restait avec cette langue interdite, bloquée à mi-corps.

On ne pouvait plus que battre des bras, sous le coup de cette parole muette qu'on ne pouvait faire entendre, langue qui ne parlait pas, qu'on portait en soi, langue maudite aussi : langue des nazis qui avaient envahi la France protectrice.

Personne autour de moi ne parlait un mot d'allemand qui se confondait avec la honte de l'Occupation et cette honte, on ne pouvait l'expliquer à personne car c'étaient mes « compatriotes », les nazis les appelaient *Volksgenossen,* qui occupaient le pays, et on me le faisait savoir.

N'en étais-je pas de ce pays-là, le pays de Hitler et des nazis ? Mais comment expliquer qu'ils en voulaient tout autant à ma vie, que j'étais bien plus ennemi pour eux que la France occupée pour laquelle ils gardaient, tout de même, un vague respect, alors que moi et mes semblables n'étions que déchets et « de la vie sans valeur pour la vie » *(lebensunwertes Leben).* Les mots se dérobaient : le basculement de la réalité échappait au langage, j'étais ce que je n'étais pas, allemand qui ne l'étais plus, il en avait été ainsi décidé, ressortissant ennemi pour les uns comme pour les autres, faux Juif et vrai proscrit – d'où voudrait-on que je puisse croire au langage ?

Par les seules contingences historiques, on est ainsi d'emblée voué à l'indémontrable identité : je ne suis pas ce que vous dites et vous ne dites pas ce que je suis : ce que je suis est sans mots. C'est comme si l'Histoire vous acculait, dès l'abord, à l'essentielle suffocation car nul n'est ce qu'on lui enjoint d'être, chacun est insaisissable, indéfinissable dans la lumière de lui-même, en pleine évidence propre. Chacun est unique et irremplaçable d'autant plus qu'il est davantage assigné à une définition.

Les images que je voyais dans les illustrés français me rappelaient cette appartenance coupable : les panneaux de circulation pour la Wehrmacht étaient écrits dans le jargon meurtrier et administratif qui avait remplacé la langue allemande. Ce jargon était fait de mots accolés, *Jungvolk* pour les jeunes membres des jeunesses hitlériennes *Kinderlandesverschickung,* séjours d'enfants à la campagne ou *Jugendbewegung* (mouvement de jeunesse) ou bien d'autres mots encore, d'autres monstres verbaux du même tabac. C'était une langue qui, d'appréhension, vous creusait le dos, une langue criminelle qui contaminait la langue allemande tout entière. Cette langue nazie glacée et artificielle, on avait été obligé de la parler même à l'école, on n'y parlait plus que de *Fahnenspruch* (serment au drapeau), de *Volksgemeinschaft,* communauté de l'ethnie dont on m'avait exclu sans que je comprenne pourquoi.

J'avais même, moi aussi, chanté *Die Fahne hoch,* le chant nazi qui pourtant glaçait le sang et peut-être même *Morgen-*

rot : Morgenrot, Morgenrot leuchtest mir zum frühen Tod, Aurore, aurore tu m'illumines la mort précoce, car la mort avait été inscrite au plus intime de la langue allemande, elle était partout, pétrifiait toute chose. *Der Tod ist ein Meister aus Deutschland,* « la mort, un maître d'Allemagne », devait plus tard écrire Paul Celan. La honte de voir les pancartes allemandes devant les monuments de Paris s'était ajoutée, accolée à la honte d'être moi-même dans cette même langue.

En cette fin de 1943, lors de l'occupation de la Zone libre, les Italiens avaient été remplacés en Savoie par les Allemands. Les occupants italiens avaient été parfaitement indifférents aux origines des gens, et tout particulièrement à celles des enfants qui habitaient les divers internats. Mais les Allemands arrivaient et l'inquiétude s'était mise partout.

La découverte brutale de cet insondable « sentiment », d'emblée su comme informulable, s'accompagnait donc de l'irruption soudaine de la peur sur le fond d'inquiétude antérieur. Tout le monde savait ce qui allait se passer et moi je découvrais l'ivresse d'être, alors que la terreur régnait désormais au plus près. C'était l'époque la pire de l'occupation nazie et allemande de la France, les Allemands s'étaient installés au village où les Italiens n'avaient fait que passer. Les arrestations se multipliaient.

Miraculeusement, grâce aux Gendarmes français et à la directrice de l'internat, je pus échapper en novembre aux Allemands venus nous arrêter, mon frère aîné et moi – j'avais quinze ans. On me cacha dans une ferme, loin dans la montagne. La littérature y était venue à mon secours, sous la forme des histoires édifiantes dans les bulletins paroissiaux ou les publications pieuses de l'époque. Elles contenaient toujours des récits où des adolescents étaient fouettés nus, attachés à des colonnes au milieu des arènes, offrant délicieusement à Dieu leur martyre. J'y restai jusqu'en septembre 1944 et les cloches qui sonnèrent plus tard la Libération avaient pour moi les tonalités de la langue française, amicale, telle que je la portais en moi, davantage encore liée à l'idée de Résistance et de Liberté.

La langue allemande, elle, était voilée de tristesse et d'ombre que rien, jamais plus, ne disperserait. Elle était désormais liée au crime absolu. Les affiches bistre placardées dans les villages de France en 1945, et qui montraient des déportés squelettiques sur des châlits, avaient révélé que le monde n'était plus. Alors que rien n'y était écrit, je croyais y lire ma langue maternelle. De jour en jour, on découvrait l'étendue exorbitante d'un crime sans précédent, incommensurable, irréparable et, chaque fois, c'était accompagné de mots familiers, que je connaissais bien, des mots que j'avais moi-même employés : *Volk, Leben, Siedlung, Wert,* etc. (peuple, vie, lotissement, valeur, etc.) Chacun des mots composés utilisés pour organiser et mettre en place le génocide m'était familier.

Tous ces termes étaient issus du naturel de la langue, mais ils avaient été détournés et dénaturés *(entstellt).* Il y aurait désormais cela en arrière-plan, comme un ineffaçable remords. Derrière chaque aventure de l'écrit surgirait toujours, sans mots, sans contours, cet abîme où la langue allemande est engloutie à jamais. Et pourtant cette langue était en moi, préservée, aimée, prête à l'emploi. Cinq années durant je ne l'avais jamais, ne fût-ce qu'une fois, utilisée, jamais un mot allemand n'était sorti de ma bouche. Parfois, lorsque la directrice de l'internat cherchait sur l'écran Radio Londres pour écouter le général de Gaulle, dont je savais qu'il était la France, et les messages amicaux destinés à la Résistance, il m'était arrivé d'entendre des voix allemandes, mais elles étaient toujours hostiles, tranchantes, aigres, criardes et méchantes, la haine et la bassesse parlaient dans les timbres des affidés et serviteurs de la tyrannie et de la mort.

En vain, tentais-je de capter ce chant de la langue et des voix de mon enfance d'avant l'exil : la voix des vieilles dames à ruban de velours autour du cou, qui détachaient les syllabes, laissaient filer les sonorités sans trop appuyer, et qui donnaient à l'allemand une douceur, un velouté si particuliers. Cet allemand qui sait éviter les sons rugueux, gutturaux ou râpeux et donne aux mots qu'on prononce vigueur et souplesse, cet allemand libre en somme, n'avait plus droit de cité, il avait été anéanti par le parler nazi en LTI *(lingua tertii imperii*, la langue du IIIe Reich*)*.

L'allemand s'était jadis édifié sur la traduction de la Bible par Luther en 1535. Luther avait créé un idiome juteux, sonore et évocateur, plein d'images, un mélange de douceur et de violence, à nul autre pareil. Il s'était fait sa langue selon ses besoins, il avait pris dans les divers parlers régionaux ce qui en ferait la justesse et la vigueur. Mais les hitlériens, en l'utilisant à contresens, pour fabriquer leurs combinaisons verbales criminelles, avaient fait de cette langue l'instrument de l'extermination.

Le plus frappant en effet, c'était cette faculté d'associer les termes, de les accoler à volonté, de sorte que tout était à la disposition de chacun. Tout, et jusqu'aux idées et associations les plus saugrenues, pouvait se dire dans ma langue d'enfance, tout y était transparent, tout était fait de la combinaison d'éléments simples et immédiatement compréhensibles. C'était à ce point facile à identifier que cela en devenait presque dangereux : un cadenas = une serrure qu'on accroche devant *(Vorhängeschloss)*, un président = celui qui est assis devant ceux qui sont debout devant, *(Vorstandvorsitzender)*, le pancréas = la glande de la bave du ventre *(Bauchspeicheldrüse) ;* on pouvait se laisser aller sur ce mode à une sorte d'ivresse des combinaisons et se croire arrivé aux arcanes de la pensée avant de sombrer dans l'apocalypse.

Comme à l'automne de 1945 on s'était mis en tête de me faire passer la première partie du baccalauréat (qui en ce temps-là en comptait deux) à la session de juin 1946, on avait fait venir à l'internat un professeur d'allemand, tout exprès pour moi, une émigrée, elle aussi, qui avait, on se demandait comment, échappé aux rafles, aux recherches et vécu dans une angoisse de tous les instants.

Elle arrivait par le raidillon qui montait du village et d'en haut, on suivait la lente montée du manteau dont le rouge éclatait sur les grandes pentes vertes. C'était un petit triangle visible de toutes parts qui se déplaçait lentement et s'arrêtait parfois à mi-pente.

Elle m'apporta des feuilles tapées à la machine, polycopiées, pour l'agrégation d'allemand, qu'elle me demanda de traduire. Je fus totalement désemparé devant ces textes, serrés, drus, qui occupaient toute la page, de haut en bas, sans alinéas, faits de gros groupes de mots compacts, si longs que parfois il n'y en avait que trois par ligne. Le regard n'arrivait pas à circuler, il avait du mal à descendre entre les mots en empruntant ces couloirs d'espaces blancs qui serpentent à l'intérieur des pages. Ces textes emprisonnaient l'esprit et l'enfermaient dans une charpente qui ne laissait rien passer.

Je me mis à pleurer malgré mon âge, à me désoler et à regretter le dehors dont ces heures d'allemand, en outre, allaient me priver. Aller chercher du lait ou des pommes de terre dans les fermes m'enrichissait bien plus que la confrontation avec ces imprenables forteresses verbales. Je n'osais pas même plonger les yeux dans ces paquets de mots hérissés de majuscules et de consonnes dures, assuré de ne rien y comprendre puisque je n'avais plus rien lu en allemand depuis l'âge de onze ans.

Pour le départ, en 1938, mes parents avaient mis, pour mon frère aîné et moi des livres simples dans notre malle : une vie de Johann Hinrich Wichern – qui avait fondé, dans la première moitié du XIXe siècle à Hambourg, la première maison de correction sans châtiments corporels – et entre autres, un ouvrage sur la nature, illustré de magnifiques photos. Ce livre-là, déjà, forçait un peu l'attention et je m'en étais lassé très vite par incapacité à me concentrer sur ces longues propositions dont je perdais le fil aussitôt.

Or, cette dame me demanda de tenter au moins de lire, à haute voix, depuis le début – on verrait bien ensuite. À ma grande surprise, je me rendis vite compte que tous ces mots si longs n'étaient faits que de la succession de petits mots, tous plus familiers les uns que les autres et que je connaissais tous, pas un terme qui me fût inconnu. Mon regard instantanément repéra les séparations qu'il fallait faire à l'intérieur des mots composés et je vis bientôt que tous ces auteurs solennels et barbus, pleins d'une germanique gravité, qui, m'expliqua-t-on, faisaient « autorité », de grands professeurs ou de grands « penseurs », employaient les mêmes mots simples que moi et que tout le monde. Ils se contentaient d'en faire des paquets plus ou moins longs qui, en français, se détachaient les uns des autres, *Weltvervollkommung,* idée bien allemande, donnait : perfectionnement du monde, ce qui ne voulait pas dire grand-chose mais passait pour profond.

Ces solennels personnages se nommaient Friedrich Gundolf ou Wilhelm Korff ou pire encore Wolfgang Borchardt, leurs phrases étaient interminables et entortillées. C'étaient des textes longuement concoctés et élaborés, ils étaient destinés à ne pas être compris tout de suite ; leur accès était rendu malaisé pour faire croire qu'ils recelaient des profondeurs inaccessibles au commun des mortels.

Je fus tout de même quelque peu flatté de traduire des textes destinés au concours le plus difficile de France et de constater que la difficulté n'était qu'apparente, une fois traduite, la ligne de pensée en était toujours simplette et naïve.

Cette langue allemande-là qu'on me présentait ainsi, tassée et chantournée, je la trouvais ridicule. Dans la plupart des phrases, on abusait des facilités de l'allemand à faire traîner les choses, grâce aux particularités de sa grammaire.

Tout y était retardé, différé sans cesse, c'était confus et opaque et cela laissait le lecteur indifférent et respectueux.

Ce n'était en rien ma langue, et pourtant je ne rencontrais aucune difficulté à traduire ces gros paquets de sens sommaire. Rien n'habitait ce qu'écrivaient tous ces Herbert Cysarz ou Ernst Bertram ou Hans Carossa et autres Ernst Jünger, gonflés, granitiques et cartonneux ou sirupeux et douceâtres, dont je ne m'étonnai pas d'apprendre plus tard qu'ils furent tous nazis avec enthousiasme, ce que mon professeur d'allemand ignorait autant que moi, même si leur pesante solennité aurait dû la mettre sur la voie. Ce qu'ils écrivaient était caillouteux et haché, fait de morceaux accolés. On y entendait une rumeur farouche, c'était armé de pied en cap et ne faisait grâce de rien ; c'était à la fois alambiqué et plein de componction et, en fait, cela répétait sans le dire, à longueur de lignes : *am deustchen Wesen soll die Welt genesen,* l'être allemand guérira le monde !

C'était une langue enflée et prétentieuse que personne ne parlait, une langue sans oralité, sans rythme. Elle n'avait rien de commun avec celle que j'aimais et qu'avaient parlée mes parents ou mes camarades d'école.

Mes parents, surtout, nés au XIXe siècle et déjà adultes à l'orée du XXe siècle, parlaient un allemand plein de charme et d'images, un allemand qui tombait juste, plein d'expressions pittoresques, celui de la conversation courante.

L'allemand, pour moi, s'était arrêté quand j'avais onze ans. Je ne savais pas que cela suffit parfaitement puisque tout enfant de cet âge domine le champ linguistique dans sa totalité, à l'exception des mots d'origine étrangère, car cette langue fabrique son vocabulaire complexe en associant des éléments très simples. Tout se comprend d'emblée. Cette matière à eau *(Wasserstoff),* cette matière aigre *(Sauerstoff)* et cette matière qui étouffe *(Stickstoff)* avaient troublé mon enfance, c'était à la fois trop explicite et impénétrable : hydrogène, oxygène et azote au moins cachent leur jeu.

J'avais, par je ne sais quel hasard, capté le mot épouvantable et trivial comme tant de ces mots composés allemands de

Mutterkuchen (gâteau de la mère) : le placenta, dont je croyais que c'était le gâteau que ma mère faisait parfois le dimanche. De même j'avais en 1933, à l'âge de cinq ans, entendu mon père, serviette au cou et le *Hamburger Fremdenblatt,* le journal local, largement déployé devant lui, dire : *Der Hitler, in vierzehn Tagen hat der abgewirtschaftet* (Dans quinze jours, Hitler, il aura déposé le bilan). Ces paroles me sont restées en mémoire, ne fût-ce qu'à cause du peu de sens politique de mon père. Je croyais que Hitler était un aubergiste qui allait quitter son auberge, puisque *die Wirtschaft,* c'était l'auberge et *ab-* voulait dire défaire. Il y avait un deuxième sens qui voulait dire économie, et *abwirtschaften,* déposer le bilan, ce que j'ignorais encore : du compliqué fait avec du très simple.

Or très vite, l'effroi m'a submergé dès que j'ai su de quoi il retournait et c'est cela, hélas, qui est resté. Un malentendu essentiel qui ne fera que s'approfondir, au fur et à mesure de ce qu'on a appris sur la shoah et l'extermination. Il faudra la langue française, comme intermédiaire, pour que s'apaise peu à peu cette relation tourmentée à la langue maternelle, frappée d'une blessure irrémédiable. Il faudra le passage par le français pour tenter de cerner ce point anonyme du « soi » et finir par le situer dans le flot du divers et le retrouver en avant des mots, grâce à ceux-ci ; il faudra le passage par la langue française pour qu'à l'instar de ce que fut la rencontre de Pascal et Rousseau et, plus tard, de Descartes, il puisse y avoir une rencontre semblable au sein de la langue allemande. C'est par Franz Kafka qu'elle se fit.

II

La langue de la découverte

C'était comme si, ce jour d'octobre 1943, les *Pensées* de Pascal avaient formulé ce pour quoi il n'y avait pourtant pas de mots appropriés – cette soudaine chute dans l'abîme vide d'un soi anonyme –, comme si ces mots avaient fait apparaître le sans-nom, cette présence muette, toujours en avant des mots et qui les engendre tous, sans que jamais ils puissent l'équivaloir. Ces courts passages, pensées ou maximes, détachés les uns des autres, qu'on pouvait embrasser d'un seul regard sans avoir à les suivre tout au long de leur énoncé sur la page, ces courtes pensées me remettaient chaque fois dans la sidération de ce jour d'octobre 1943 où une trappe s'ouvrit sur le vide – ce vide, fond de toute pensée, certitude creuse et irréfutable à la fois. Certitude qui me faisait lire tout ce que je pouvais trouver de « morceaux choisis ». L'inconstance, le défaut de concentration empêchaient des lectures prolongées où les choses se construisent et se mettent en place, s'enrichissent peu à peu d'elles-mêmes. Il me fallait du soudain, de la commotion, du foudroiement et de l'exaltation.

Mais le paysage, le dehors, l'emportaient sur la lecture ; le regard posé sur l'immense vallée pouvait embrasser d'un coup toutes ces montagnes, le village entier entouré de l'emboîtement successif des pentes jusqu'à leur fermeture très loin sur un horizon bleuté par la distance. C'était si ample qu'aucune parole ne parviendrait à en rendre compte, pas plus qu'elle ne pouvait rendre compte de ce qu'on sentait.

Et ce que j'ai vécu alors, c'était une enfance tardive, à la dernière limite, dans laquelle je me jetai avec passion. Interdit de vie et de séjour par origine, je m'étais tout de suite heurté à l'inexplicable : on avait voulu me mettre à mort parce que j'étais quelque chose que je ne savais pas que j'étais et dont je ne sentais et ne savais rien, dont la faute que je n'avais pas commise se confondait à *mon insu* avec moi.

J'étais coupable de mon innocence, de ma *Schuldhaftigkeit* dit ici l'allemand, de cet état de faute sans culpabilité. Je n'avais rien commis envers quelqu'un d'autre et j'étais pourtant coupable. Telle était la suffocation initiale contre laquelle on ne pouvait que s'enfoncer le poing dans la bouche ou hurler son désespoir. L'enfance, en effet, ne fut que hurlement, fureur, déchirement et hâte. Sciemment, les adultes acculaient à la honte indicible, à une situation sans issue, mais dont on ne savait pas encore alors qu'elle pouvait vous mener à une inexpugnable souveraineté, c'est cela que je découvris en ce jour de 1943 : je suis, en dépit de vous.

Aux avatars quotidiens, aux punitions d'une vie d'interne, s'ajoutait la peur et l'impossibilité de se faire entendre. Ce qu'il importe de saisir, c'est ce moment de cristallisation, comment il traverse la parole humaine, sans jamais se manifester autrement que par cette commotion muette, par cette secousse qu'on reconnaît aussitôt « sans autre guide ni lumière », d'emblée, ainsi que le dit le français, ce qui est autrement plus joli que le *abbloch* suisse-allemand.

Sans précédent, sans signe avant-coureur, cette fulguration initiale est aussitôt sûre et intraduisible. C'est son intraduisiblité muette qui la fait reconnaître, peut-être est-elle au départ des langues puisque leur fond est muet. Cela, l'enfant et l'accusé le savent mieux que personne, ils ne peuvent se faire *entendre*. Être, à la fois, ce qu'on est et ce qu'on n'est pas, se savoir illégalement exister, en fraude, et contrevenir par son existence à la législation légitimement établie qui décide avec tant de pertinence qui doit vivre et qui ne le doit pas, cela prédispose, il est vrai, à ne pas croire les mots sur parole.

Tout, de plus, semble à tout instant confirmer cette béance dont on ne peut alors savoir qu'elle est fondatrice de toutes les découvertes ultérieures. Toute affirmation était contredite, réfutée immédiatement. On ne me croyait jamais, souvent pris en flagrant délit de mensonge, on me croyait encore moins quand je disais vrai et j'en étais réduit à frapper dans le vide, à balancer autour de moi tout ce qui me tombait sous la main, ce qui me valait en retour de cinglantes punitions qui me laissaient – j'avais pourtant plus de seize ans – bouche bée.

C'est l'enfant puni qui fonde pour ainsi dire la parole. Acculé à la honte, il vit l'effondrement des mots, mais ne peut pas formuler ce vide. Il le ressent, mais ne le comprend pas, le langage lui fait défaut pour en cerner la nature. Il est réduit à la mutité, mais il ne peut en prendre conscience. Il sait au plus précis, mais ne peut pas le dire et même s'il s'apaise peu à peu, son désespoir de n'être pas cru ne s'éteint pas.

Plus l'enfant est puni, en proie aux petits malheurs quotidiens sur ce fond d'illégitimité, plus ce qu'il sent se fait vif. Il le ressent et le délimite davantage mais sans même songer à le nommer.

Ce qui est là, en lui, de plus en plus net, l'amène à se comparer à l'accusé devant le tribunal, étouffé par ce bloc muet qui lui obstrue la poitrine et le rend incapable de s'expliquer.

Tout est déjà là, dans l'attente d'une éventuelle parole libératrice et c'est ici, justement, que le livre et le hasard prennent tout leur sens. Il suffit alors de « tomber » sur le signe adéquat qui confirme l'ébranlement premier. *Sans Famille,* le livre à cette époque entre tous célèbre d'Hector Malot, fut un premier signe qui, curieusement, donnait corps aux fulgurances pascaliennes : c'était comme si les « éclats » de pensée traversaient le petit Rémi, je mettais en lui ce que je lisais chez Pascal, comme s'il en était, dans son abandon et son malheur, la représentation, presque l'incarnation.

La découverte de l'orphelin fut un moment tout aussi fondateur que cette soudaine apparition à soi. On avait dit en me montrant « c'est un orphelin » et, ignorant encore le sens de ce mot, j'eus la sensation pourtant qu'il me gainait au plus étroit et m'enfermait bras le long du corps et m'enserrait de bandelettes. Or l'orphelin voué à la solitude est aussi celui à qui est donné le recours du geste fondateur. Je devinai, puisqu'on parlait de moi et que j'étais le seul à ne plus avoir de famille, ce que ce mot signifiait et je le reconnus dans la première phrase de ce livre qui me stupéfia : *« Je suis un enfant trouvé. »* C'était inouï et terrifiant : une sorte d'enfant objet, coupé de toute attache et qu'on « ramasse ». Je lus ce livre en quelques heures et en versant des torrents de larmes, soixante ans plus tard je n'en ai pas oublié une ligne.

Les livres étaient à peu près la seule distraction qui existait alors dans un internat (les jeux de l'oie, de cartes ou autres n'avaient pas survécu à la guerre) et, devenu un peu le domestique, je passais mon temps à arpenter la montagne, à la recherche de lait et de pommes de terre pour l'internat. Les lectures de plus y étaient « étroitement surveillées ». Nous n'avions pas le droit d'acheter le journal au village – moi, de toute façon, je n'avais pas de quoi –, et trouvait-on cachée sous le matelas d'un interne une publication que celui-ci était assuré d'une punition « exemplaire » subie à découvert, c'était l'usage en ce temps-là dans un internat bien tenu.

Par moments, on pouvait ainsi se reconnaître dans un personnage inventé, basculer en lui, ressentir en lui ce qu'on éprouvait soi-même avec les mots et les images d'un autre. Dès cet instant, la littérature ne me lâcha plus. J'y cherchais ce que j'avais trouvé chez Pascal, comme si au-dedans d'eux-mêmes les personnages littéraires pouvaient me renvoyer cette commotion initiale. Cette sensation vide pouvait donc se situer dans une figure, celle de l'orphelin, celui qui, sans recours autre que lui-même, ne trouve nulle part de *légitimité.* Il n'est relié à rien, rien ne glisse vers lui ni de lui. Être sans famille, c'est être refermé, c'est ne se reconnaître en rien, ni en personne, si ce n'est, et pour un instant, dans cet autre orphelin auquel on peut prêter son propre désarroi, son propre sentiment d'être déplacé, impropre, superflu mais ivre de vivre. En lui se localise quelque peu ce glissement de soi, tout à la fois constant et insaisissable.

La lecture par elle-même devenait une pure avidité, elle ne comblait rien, ne mettait de terme à rien, indiquait plutôt qu'on n'en aurait jamais fini. On trouvait çà et là des ressemblances, dans les portraits par exemple que La Bruyère traçait dans ses *Caractères,* l'une des lectures autorisées de l'époque. Dans la perfection de leur description, ces personnages étaient d'autant plus insaisissables. La Bruyère disait tout et avec tant de force qu'on prenait leur place, on sentait ce que c'était que d'être le distrait, Ménalque ou Théodecte, infatué de sa propre image, on ne saisissait que ce qui échappait, des bouts d'écharpe, des reflets. Plus la description était précise, moins elle rendait compte. Plus je lisais, plus je voyais qu'il serait vain de vouloir se justifier par les mots, mais plus aussi j'attendais de ceux-ci.

Pour la préparation au baccalauréat, en 1946, on ne m'avait pas seulement fait faire des versions allemandes ou latines qui me valaient de cuisantes punitions après lesquelles je ne pouvais réviser que debout, on m'avait aussi permis de lire *Les Confessions* de Rousseau, puisqu'elles étaient au programme. J'ai ailleurs déjà raconté comment la lecture du premier livre des *Confessions* m'avait littéralement coupé le souffle et mis dans un état d'excitation telle que la directrice de l'internat à qui, et je ne l'oubliai pas, je devais la vie sauve, m'en fit la remontrance et finit par me punir en conformité avec ce que je lisais.

Ce fut une découverte plus étonnante encore que celle de Pascal, une véritable sidération, un éblouissement, un centrement comme si la découverte d'octobre 1943 était ainsi multipliée, redoublée, exhaussée par ce qu'écrivait un autre qui cent cinquante ans plus tôt avait trouvé les mots pour faire venir à la parole l'étrangeté et le *trouble*.

Rousseau avait formulé, tout à la fois, le plus intime et le plus inavouable : la volupté de la punition, cet incompréhensible retournement des signes qui depuis l'âge de seize ans m'avait tant affolé et surpris. D'où venait-il donc que le châtiment le plus honteux de tous donnait lieu, après coup, à une telle exaltation, à tant de volupté dans la suprême récollection, à l'écart de toute explication possible ? Personne n'avait jamais rien exprimé de semblable.

Le feu de la punition, la brûlure du fouet, la honte dévorante devenus jouissance, joie, c'était à ne rien y comprendre, si bien qu'on sut, encore mieux, dès lors, que la parole recouvre l'inexplicable, qu'elle est inexplicable. Une telle étrange et coupable volupté, puisqu'elle détruit tout ordre social et se glorifie de la punition, ne fait donc qu'accroître tout à la fois la faute et la souveraineté.

L'inavouable et le mensonge sans lesquels l'enfant ne saurait survivre à sa honte avaient déjà, avant toute expérience littéraire, confusément fait voir qu'on pouvait, tout aussi bien, échapper à ce que la langue disait de quelqu'un. Je n'en crus pas mes yeux : « *Ce qu'il y avait de plus bizarre est que ce châtiment m'affectionna davantage encore à celle qui me l'avait imposé… j'avais trouvé dans la douleur, dans la honte même un mélange de sensualité qui m'avait laissé plus de désir que de crainte de l'éprouver derechef de la même main* », et Rousseau d'ajouter plus loin : « *Qui croirait que ce châtiment d'enfant, reçu à huit ans par la main d'une fille de trente, a décidé de mes goûts, de mes désirs, de mes passions, de moi pour le reste de ma vie, et cela précisément dans le sens contraire à ce qui devait s'ensuivre naturellement ?* »

C'est dire le trouble du langage, mais chez Rousseau dont on remarquera la précocité, ce trouble est un trouble bienheureux, de qui n'a nul besoin de se retourner dans la rue pour savoir si on le suit, sur qui ne pèse nulle malédiction originelle, à qui on ne défendit pas d'exister et dont la teneur d'être n'est pas dès l'abord marquée de cette tonalité propre à l'existence juive.

Existence, dans ce cas précis, d'autant plus juive qu'elle ne l'était pas, marquée au plus profond d'elle-même par le christianisme et les Évangiles dont toute mon enfance allemande fut imprégnée ; si bien que ce fut par cette voie ensuite, par l'admirable langue française, dans son éclat et sa splendeur, que put se faire et par Rousseau et par Pascal surtout, l'ajointement entre « faute » et existence : « *Cette famille, ou ce peuple, est le plus ancien qui soit en la connaissance des hommes, ce qui me semble lui attirer une vénération particulière...* », ou encore : « *Ce peuple n'est pas seulement considérable par son antiquité ; mais il est encore singulier en sa durée qui a toujours continué depuis son origine jusqu'à maintenant* ». Ou enfin parmi des dizaines d'autres : « *La Loi par laquelle ce peuple est tout ensemble la plus ancienne loi du monde, la plus parfaite, la seule qui ait toujours été gardée sans interruption dans un État.* » Pascal le redit, plus de quarante fois, cette loi est destinée à tous les peuples, eux n'en sont que les témoins.

J'avais beau ne pas être de cette religion-là, je n'en persistai pas moins dans cette provenance, c'est au nom de cette Loi inscrite en moi qu'on avait voulu me supprimer. J'étais coupable d'être encore là et coupable de cet étrange et troublant désir. D'origine réprouvée, on me punissait de commettre et je commettais d'avoir été puni : le désir annulait la punition, c'était *il mundo alla riversata.*

J'allais ainsi de démenti en confirmation, le long d'un puits dont les parois se faisaient plus nettes, plus lisses de lecture en avatar et dont le fond reculait au fur et à mesure. Ce sentiment creux se dégageait de jour en jour, aussi précis qu'au premier instant. Que d'autres aient pu parler des siècles auparavant de ce qu'on sentait soi-même fut, à dix-sept ans, une découverte prodigieuse.

Bien que *Les Confessions* fussent donc au programme, on m'en avait tout de même épinglé certaines pages du troisième livre, avec défense expresse de les lire et qu'il faut maintenant citer : « *J'avais senti le progrès des ans ; mon tempérament inquiet s'était enfin déclaré et sa première éruption très involontaire m'avait donné sur ma santé des alarmes qui peignent mieux que toute autre chose l'innocence dans laquelle j'avais vécu jusqu'alors. Bientôt rassuré j'appris ce dangereux supplément qui sauve aux jeunes gens de mon humeur beaucoup de désordres... ce vice que la honte et la timidité trouvent si commode a de plus un grand attrait pour les imaginations vives.* »

On s'aperçut de ma lecture, les trous d'épingle s'étaient agrandis, j'en fus corrigé d'importance et une fois de plus m'exaltai de la douleur, de l'humiliation et de la honte, mais mon imagination vive, en effet, ne tarda pas à me faire me repaître de mon abjection. « Avec tout ce qu'on a fait pour vous, m'entendis-je dire à d'autres occasions, vous ne méritiez pas de survivre. De jeunes Résistants sont morts, et vous, vous êtes toujours là » – on nous vouvoyait malgré les corrections. C'était vraiment vivre au creux des mots, en dépit du langage, et pourtant que la montagne était belle !

Ce sentiment rare d'être une bouche inutile, d'encombrer, d'être de trop, s'associait à la soudaine conscience du vice. J'étais incorrigible, on me le fit sentir à maintes reprises, en pleine peau, et je ne m'en rassasiai ni ne me rendis car je m'opiniâtrai, m'opiniâtrai à être : vous m'en punissez, c'est donc que je le suis cela qui vous échappe.

Enfermé dans la pièce où le livre resté ouvert se trouve sur la table, on peut pleurer son désespoir et son ignominie, puis l'apaisement se faisant et la douleur de la fessée devenant moins vive, on peut feuilleter encore une fois, afin de se donner une contenance, et retomber à la même page sur la même pensée, dès lors plus aiguë, à l'instar du châtiment, et plus incongrue encore. Puis feuilletant plus avant, ceci dans une longue pensée tout entière consacrée à la condition humaine, ceci qui me parut tout exprès écrit pour moi : *« Il faut qu'il y ait un étrange renversement dans la nature de l'homme pour faire gloire d'être dans cet état dans lequel il semble incroyable qu'une seule personne puise être. »*

Il est vrai que je me faisais gloire de l'opprobre et m'attribuai là ce qui ne me revenait pas et m'exaltai de cet état où il semble *« incroyable qu'une seule personne puisse être »*. Je suffoquais de souffrance et de ravissement sous le fouet de ma correctrice.

À près de dix-huit ans, lié, dénudé sur un escabeau, honteusement puni, pour cette faute souvent commise, pour ce geste, pour ce « vice » réprouvé entre tous qui venait donc s'ajouter à ma vicieuse naissance, à mon indigne condition d'orphelin superflu, je me faisais gloire de ne pas céder. Je me délectais de ce renversement et de cet état d'asservissement et d'abaissement domestiques, consentant autant en cuisine qu'au grenier, livré à qui voulait de moi.

Les circonstances ainsi apprennent ce centrement presque géographique auquel elles ne cessent de renvoyer. La honte ainsi jouait un rôle presque fondateur. Familière, intime, elle moulait le corps, l'enserrait de sa visible cuirasse puisqu'elle était toujours publique.

La déréliction m'enchantait. Pleurer dans la forêt me rendait entre tous intéressant et pourtant ma propre comédie me faisait d'autant plus horreur que je me laissais prendre à mon propre jeu : le martyre m'habitait, mais bien sûr, le martyre sans effusion de sang, un martyre aussi délicieux que possible qui ne laisserait que des ecchymoses carmin sur la peau nue.

Dans le manuel de morceaux choisis, il y avait aussi un extrait du *Chatterton* d'Alfred de Vigny qui me convenait très bien : « *Dernière heure de ma vie, aurore du jour éternel, salut ! Adieu humiliations, haines, sarcasmes, travaux dégradants, incertitudes, angoisses, misères, tortures du cœur adieu. Oh ! Quel bonheur, je vous dis adieu.* » Mais à sa différence, je ne voulais pas du tout mourir, je voulais m'agenouiller, au contraire, devant l'émerveillement de vivre. En même temps je m'assimilais à tous les humiliés, proscrits et persécutés, alors que j'avais table garnie. Je cherchais partout, dans le moindre écrit, de quoi me satisfaire, ce que je lisais tournait toujours autour de ce centre vif où se mêlaient *Les Confessions* et *Sans Famille* ou *Romain Kalbris* du même Hector Malot et surtout *Le Petit Chose* d'Alphonse Daudet. On m'avait fait apprendre par cœur, non sans mal, *La Mort du loup* d'Alfred de Vigny et j'avais été ému jusqu'aux larmes.

Pourtant, après chaque lecture ou chaque découverte, persistait ce sentiment vertical dont je me rendais de mieux en mieux compte que rien ne pourrait l'absorber, le combler ou l'équivaloir. Il y avait au fond de toute lecture, toujours, cette béance pour laquelle je cherchais en vain un signe indubitable et pour laquelle il me faudrait des années, non pour la franchir puisqu'elle était infranchissable, mais pour en reconnaître, plus tard, à travers Kafka, ce trajet intérieur qui m'habitait comme il habite chacun.

Mais à moi, l'étrangeté de mon existence de resquilleur du destin ne donnait aucun repère. Le langage, et surtout lorsqu'il devenait celui de la littérature, permettait à chacun de s'y frayer une voie, de s'assimiler d'une manière ou d'une autre aux personnages décrits, d'y retrouver des ressemblances, des correspondances. Pour moi toutes les similitudes ouvraient sur une béance.

Le français, c'était un survol, une langue de collines bleutées, de fond de paysage, une langue de rivières et de ponts, de ciel diaphane, une langue orange de couchers de soleil, une langue pour salon donnant par de grandes fenêtres sur des vasques en bordure de parc. Bien plus que ma langue maternelle, il était la langue d'une connivence issue de cette commune et longue, si longue histoire. Mais le français était aussi une langue majestueuse et intime à la fois, la langue de l'entente et de l'entendement et c'était justement dans cette langue devenue mienne jusqu'au tréfonds de mon être qu'il me fallait établir ma mémoire, cette ancienne mémoire dont j'avais été exclu, cette mémoire d'enfance qui m'avait été interdite, cette mémoire de la peur qui vous enserre le corps – la peur, le plus irrésistible et le plus ignoble de tous les sentiments qui vous voue à l'abjection et à toutes les trahisons. Cette mémoire de l'interdiction de vivre, d'être en sursis, rien ne pourra l'abolir.

Or, le français m'offrait sa subtile aménité pour y situer le tracé familier, il m'offrait cette manière de réconcilier les choses en les fondant dans ce glissement des mots les uns vers les autres dans une même tonalité qui parvenait à dissimuler les horreurs les plus effroyables sous la splendeur du verbe. Le français, c'était un drap de velours bleu sombre brodé de fils d'or qu'on jetait sur ce qu'on ne voulait pas voir, là où l'allemand n'hésite jamais à montrer le pire. Et Rousseau qui m'avait tant initié à la souveraineté de la honte restait tout de même dans cette zone claire où se situe le français dont le versant sombre ne conduit jamais à l'apocalypse, comme s'il y avait chez Rousseau dans l'exaltation des joies du corps puni une sagesse dernière, une innocence préservée.

Confusément, je le sentais, seul le français, mais je ne savais pas encore à cette époque pourquoi, me permettrait quelque jour de me rendre, sauvée, ma langue maternelle pourtant à jamais dégradée, déformée, meurtrie par le nazisme né en son sein, et de pointer par ailleurs de plus en plus finement, de plus en plus près, ce qui toujours échappe, comme si le français était la langue qui s'en approchait le plus.

J'étais tombé dans le français que je ne me souviens pas d'avoir un jour appris. Je me rappelle simplement de l'effet que me firent certaines sonorités toujours à mi-chemin, à mi-ton de celles de l'allemand ou de l'italien, toutes deux inversement sonores, l'allemand par grands éclats, l'italien par chants successifs qu'on pouvait moduler à sa guise. Je me souviens simplement avoir su le français, d'emblée fin 1939, mais c'est par le XVIIe siècle que j'en acquis un peu le sens puisque lui seul et quelques auteurs du XVIIIe étaient autorisés dans cet étrange internat.

J'en découvris les raccourcis, les économies de mots et les densités brèves à travers La Rochefoucauld, Retz ou La Fontaine mais aussi les solennelles splendeurs de Bossuet. C'était le champ des mots, leur étendue qui me fascinaient, ces sauts de sens, ces jonctions. Qu'était-ce donc comprendre avec si peu d'indications ? Les mots français étaient tous « chargés d'histoire », rien qu'à les entendre on les devinait de très ancien usage, longuement mis au point. Ils ressemblaient à de vieilles personnes pleines d'expérience, « langueur », « promptitude », « orgueil » on les imaginait en habits de cour ; « complaisance » ou « jalousie », « éclat » ou « opportunité » avaient chacun leur physionomie, leur allure et surtout on ne savait pas de quoi ils étaient faits, contrairement aux mots allemands dont tous les éléments étaient toujours reconnaissables, orgueil par exemple devenait *Hochmut* : esprit haut.

Ces mots allemands, lorsqu'on en faisait des mots composés étaient sans surprise, ils jouaient cartes sur table et donnaient leurs sens à pleines mains, là où les mots français le réservaient et permettaient à chacun d'en varier à sa guise les sous-entendus (mot qui n'existe pas en allemand) ou les acceptions.

Les textes français avaient cette lisseur, ce liant qu'on ne retrouvait en allemand que chez d'assez rares écrivains tels Heinrich Heine ou Josef von Eichendorff dont j'avais lu avec passion *Scènes de la vie d'un propre à rien (Aus dem Leben eines Taugenichts)* ce Propre-à-rien, si peu « allemand », si gracieux et libre qui court l'aventure de femme en femme, jusqu'en Italie et dont la fraîche insolence rappelle le XVIIIe siècle français. Sa frivolité toute apparente en masque la portée. C'était cet allemand-là qui était le mien.

Beaucoup de savants, d'universitaires ou d'auteurs allemands se croyaient obligés de faire épais et aussi compact que possible, alors que la langue parlée, elle, avait échappé à la mort dont les hitlériens avaient frappé les « choses de l'esprit » et était restée, en dehors des universités et des institutions, une langue admirablement vivante pareille à toutes les autres.

La fluidité apparente de bien des textes littéraires français ne m'avait jamais trompé et c'est peut-être parce que le français n'était pas ma langue maternelle que j'en mesurais mieux tout ce que cette fluidité apparente recouvrait de choses cachées.

Par-dessous cette fusion avec la langue persistait cependant le même mal-être, la même non-coïncidence avec le langage, la même durée sans contenu ni attaches.

Dans mon internat de montagne dont je ne tardai pas à épuiser les lectures, je ne cessais, à défaut d'autre chose, d'en revenir aux mêmes textes, aux extraits des *Caractères,* rien que pour avoir de l'imprimé sous les yeux et voir apparaître les personnages, le froissement des étoffes, les voix, les jardins avec les allées gravillonnées, les domestiques à catogans, les innombrables chandelles et les hautes fenêtres. En relisant encore une fois la fin du portrait intitulé « Le distrait », il m'apparut tout à coup être la clé d'un retournement d'où pourrait naître la saisie de ce que je ne parvenais pas à dire, comme si le texte s'avalait lui-même.

« Il revient une fois de la campagne ; ses laquais en livrée entreprennent de le voler et y réussissent, ils descendent de son carrosse, lui portent un bout de flambeau sous la gorge, lui demandent la bourse et il la rend, arrivé chez soi il raconte son aventure à ses amis qui ne manquent pas de l'interroger sur les circonstances, et il leur dit demandez à mes gens, ils y étaient. »

C'était la dérision même de la parole et c'était la première fois que je la trouvais incarnée par un personnage, un exemple de parole annulée qui vous rentre dans la gorge, une « anecdote » mettant fin au langage, rentrant ce qui est sorti, refermant ce qui s'ouvrait ; la parole retournée : *« Demandez à mes gens, ils y étaient. »*

À partir de là, il n'y a plus rien à dire : l'absurdité ou plutôt le retournement est à son comble : la parole y est absorbée et c'est par là qu'elle commence, imprononçable, énorme.

Mais à peu près à la même époque, à la mi-février de 1945, on eut toujours plus d'informations et ce dont on s'était vaguement douté devenait exorbitant, informulable. Il arrivait de plus en plus de photographies faites par les Russes à Auschwitz et les Américains à Buchenwald. On commençait à connaître assez exactement les dimensions d'une extermination sans précédent dans l'histoire humaine, nulle ne fut à ce point pensée, préparée, organisée et innommable à jamais, elle échapperait toujours à toute saisie par le langage. On ne pouvait que fermer les yeux devant ces photographies.

Il n'y avait pas de mots, ou plutôt il y en eut trop pour cela qui fut conçu dans ma langue, la langue de ma mère et de mon enfance, la langue des premières découvertes, des premiers émerveillements, à jamais atteinte. Les journaux parlaient des camps et employaient les mots allemands. Puis les premiers témoignages écrits étaient arrivés où *Lager, Selektion, Rampe, Vergasung,* termes presque familiers, revenaient souvent. J'eus fréquemment l'occasion de voir ce qu'on avait fait de ma langue, à quelles associations verbales on s'était livré, jusqu'à en faire véritablement l'idiome du crime. Et pourtant la langue telle que la parlaient les gens, telle qu'on l'entendait en Suisse ou en Autriche, était restée, telle que je l'avais en moi, hors d'atteinte de l'infamie qui l'avait meurtrie. Seuls les « intellectuels » étaient responsables de l'inguérissable blessure de la langue allemande.

Les fragments d'horreur qui parvenaient jusqu'à cet internat savoyard suffisaient largement à montrer à quel point le crime absolu avait envahi le cœur même de la langue. Dans l'enfance déjà, en Allemagne, j'avais entendu parler de *Niederrassig* (basse race), de *Minderwertig* (êtres humains de moindre valeur) ou de *Aufnordung* (« nordisation » !) et de *Volksgemeinschaft* (communauté ethnique) sans en mesurer toute la portée.

C'était dans ma langue qu'avait été conçu le crime absolu dont de nouvelles formes se découvraient chaque jour, toutes désignées par un vocable dont les éléments simples m'étaient familiers. Ces termes avaient pénétré l'allemand, ils étaient partout et ils s'étaient étendus sur la langue tout entière. Comment pourrais-je désormais l'employer pour y parler comme tout le monde ? Je sentais, rien qu'à prendre une phrase allemande en bouche, que rien ne serait jamais plus pareil. Non seulement on m'avait expulsé de ma langue, mais elle avait été probablement abîmée, contaminée à jamais. Je savais d'expérience et trop bien ce qu'était le nazisme pour ne pas sentir que l'allemand avait été atteint au vif de façon irréparable.

Au fil du temps, ce malheur ne fit que s'approfondir et tout au long de ma vie, je n'ai cessé d'être confronté à ce champ linguistique qui réunit l'extrême du poétique et l'absolu du crime.

III

Révélations

Le hasard voulut qu'après l'oral de la première partie du baccalauréat, en juin 1946, à Annecy, je trouve à la devanture d'une librairie d'occasion – le premier livre allemand que j'aie jamais acheté – *Ainsi parlait Zarathoustra* de Nietzsche, dans une édition populaire cartonnée (Kröner) destinée à la *Wehrmacht* (l'armée nazie d'occupation), heureusement non frappée de la croix gammée.

Je connaissais le nom de Nietzsche, je l'avais déjà entendu dans l'enfance et j'avais vu sur des images ses énormes moustaches. C'est aussi peu après la guerre que j'entendis pour la première fois parler de Kafka dont je ne savais pas qu'il déterminerait à ce point, un peu plus tard, ma vie tout entière. Le libraire fut presque soulagé de se débarrasser de ce *Also sprach Zarathustra,* il s'étonna de l'intérêt que je manifestais pour cet étrange ouvrage, mais je ne résistai pas devant la modicité du prix, à plonger en pleine germanité.

Je l'emportai non sans quelque honte. Je cachai le livre sous mon pull-over, m'assis sur un banc entre lac et ville, et me mis à lire cette prose d'une simplicité inattendue. Pourtant on était tout de suite frappé, du seul fait de la construction grammaticale, par le ton solennel et contraint.

Il y avait componction et gravité dans cet allemand venu tout droit de la traduction de la Bible par Luther. On entendait la prédication protestante dans cette langue qui se voulait enflammée et altière et, bien entendu, je m'y laissai prendre. Ce qui me surprit le plus, c'était la simplicité du vocabulaire, pas un seul terme que je ne connusse, c'était ma langue d'enfance telle que je l'avais parlée et ce qu'elle disait ne m'étonnait pas, c'était juvénile et enfantin, j'y reconnaissais mes propres attitudes. Ce long poème contenait un peu ce que je cherchais, cette ligne qui vise au-delà d'elle-même et continue sans cesse. Ce texte fort et puissant était cependant froid et impitoyable. J'en copiai des fragments entiers qui m'enthousiasmaient et pourtant cette langue, toujours attentive à écarter, à éloigner, à repousser par l'emploi d'une certaine terminologie wagnérienne, me le faisait entendre : « Tu n'es pas des nôtres. »

Je commençai à me rendre compte que la littérature de langue allemande que je rencontrais était, dans la manière même d'aborder la langue, faite souvent de fermeture farouche et impérieuse. Dans les romans ou les nouvelles seulement, on entendait une voix humaine, rarement en poésie ou dans les textes de réflexion, ils étaient presque toujours monumentaux et froids.

Je ne me doutais pas alors, en 1946, que vingt-quatre ans plus tard, en 1972, j'allais retraduire ce *Ainsi parlait Zarathoustra*. À la fin de cette année 46, à l'inverse de Zarathoustra, je quittai mes montagnes pour descendre dans la plaine.

On m'inscrivit au lycée (à cette époque collège municipal de Pontoise) en classe de terminale. Ces années furent des années de survie, où le monde de l'avant-guerre était resté en suspens, figé dans ses ultimes moments, comme ces façades d'immeubles, sous les bombardements, juste avant qu'elles ne s'écroulent. Quelque chose s'était brisé qui ne reviendrait jamais. L'occupation allemande avait tout recouvert d'un voile de tristesse.

Les paysages des environs étaient encore ceux des toiles impressionnistes qu'on allait voir au Jeu de Paume, où elles étaient alors accrochées, pour s'assurer qu'ils duraient encore. Tout était comme avant-guerre et rien n'était plus pareil.

Les poêles à feu continu, les seaux coniques aux becs brillants du passage du charbon versé dans le foyer, les bouilloires qui chauffaient sur la plaque du fourneau, le bruit des fers des chevaux sur les pavés et jusqu'au ronflement des batteuses en été, tout accompagnait en profondeur la conscience aiguë d'une irrémédiable disparition, comme si le monde était gelé.

Je vivais avec un bloc de ciment qui me barrait la poitrine. J'errais dans la plaine à betteraves avec cette pesée lourde dont je ne parvenais pas à me défaire, orphelin, vicieux, recueilli par charité, je vivais à bientôt vingt ans dans une solitude perverse, livré à mes imageries d'internat, je me remémorais les châtiments encore subis quelques mois plus tôt et m'en exaltais, je me figurais comparaissant, mis au coin, agenouillé sur une règle carrée, contraint d'aller dans la classe voisine inviter des camarades plus jeunes à venir assister à ma punition, à ma honte et mes pleurs. Pieds et poings liés, je m'étais soumis avec délices aux lubies de la directrice de l'internat.

J'arpentais le grand parc abandonné de Maubuisson où était l'orphelinat israélite ; j'y avais ma mansarde avec vue sur l'ancienne grange aux dîmes de l'abbaye. J'étais dérisoire, inutile. Habillé par charité de manteaux trop longs et de pantalons trop courts, nourri, blanchi, logé par ma protectrice, je faisais dans l'intense. Une permanente précipitation m'habitait qui ne retombait sur rien.

Je cueillais les noms d'écrivains au passage et, de plus en plus souvent, j'entendais revenir celui de Kafka dont je savais qu'il était tchèque et avait écrit en allemand, qu'il était juif et en incarnait mieux qu'aucun autre le destin humain. C'était un anonyme, disait-on, un petit employé devenu l'un des écrivains les plus importants du siècle. Je savais même qu'en 1946, des imbéciles avaient voulu le brûler, au nom de la bonne cause, « Faut-il brûler Kafka ? » s'était-on exclamé à Paris.

Mais ne pouvant acheter que les seuls livres indispensables à la préparation de la seconde partie du baccalauréat, d'autant plus que je l'avais raté, je n'avais aucun moyen de le lire et le livre de poche n'existait pas encore. Je voulais de plus le lire en allemand.

De la littérature à peu près contemporaine, je ne connaissais que Péguy que m'avait fait lire l'abbé qui m'avait mis dans la ferveur catholique. Le balancement généreux des *Tapisseries* ou des *Mystères* devenait un rythme intérieur : *Présentation de la Beauce à Notre-Dame de Chartres* faisait voguer au rythme de paysages immenses. Il y avait chez Péguy une bonté, une ouverture en même temps qu'un inapaisement que, paradoxalement, j'allais retrouver chez Kafka.

Mon abbé m'avait aussi fait lire *Notre jeunesse,* ce texte de Péguy de 1910, écrit après l'affaire Dreyfus où je retrouvai ce que j'avais lu chez Pascal : « *Tant de meurtrissures lui saignent encore. Mais toute la mystique d'Israël est qu'Israël poursuive dans le monde sa retentissante et douloureuse mission. De là des déchirements incroyables, les plus douloureux antagonismes intérieurs qu'il y ait peut-être entre une mystique et une politique. Peuple de marchands. Le même peuple de prophètes. Les uns savent pour les autres ce que c'est que les calamités* » et un peu plus loin : « *Je connais bien ce peuple. Il n'a pas sur la peau un point qui ne soit pas douloureux, où il n'y ait un ancien bleu, une ancienne contusion.* »

Je croyais, encore une fois, entendre Pascal et sa suite d'hommes, durant quatre mille ans, qui ne cessent de dire la même chose « *et dont ils ne peuvent être divertis par quelque menaces et persécutions qu'on leur fasse* ». Et moi j'en étais et n'en faisais pas partie, tout à la fois chair et poisson, je n'étais ni l'un ni l'autre et les deux à la fois, et bien que citoyen de la République Française, je ne pouvais pas m'identifier à quoi que ce soit de légitime. En plus, je profitais de la vie d'étudiant alors que des millions d'autres étaient partis en fumée.

Un extraordinaire hasard m'avait préservé, je me prélassais dans une existence qui ne m'était pas due, et je cherchais à me justifier d'exister par la littérature, à me disculper en me faisant passer à mes propres yeux pour celui que je n'étais pas.

Tous ces personnages des récits et romans que je lisais avaient une histoire, des proches, des liens plus ou moins ténus qui les rattachaient aux autres. Ils se révoltaient ou participaient, d'une manière ou d'une autre ils faisaient partie de quelque chose, en venaient ou y aboutissaient.

En tant que rescapé et tricheur du destin (normalement j'aurais dû être abat-jour ou engrais, donc servir à quelque chose), je ne parvenais pas à me fondre complètement dans ce que je lisais, j'en émergeais toujours quelque part. Toutefois, écrire moi-même de la poésie me paraissait particulièrement grotesque et gênant. Mes camarades de collège s'y étaient pourtant tous mis et on était surpris de voir tel garçon au physique plus ou moins ingrat, brutal et trop viril, écrire de la poésie naïvement sentimentale.

Nous étions huit grands escogriffes de terminale, habillés des restes du grand frère. Et moi j'étais un riche pauvre. C'est dans la cour du collège de Pontoise que s'est faite la rencontre avec la littérature et même la poésie contemporaines. Gérard Genette, le subtil analyste de la littérature française, me parla de René Crevel, de Rimbaud, du Surréalisme, noms que je n'avais jamais entendus. Je lus Lautréamont qu'on m'avait prêté. Il parlait de l'inhabituel, de ce qui n'était pas destiné au langage, de la faute de l'adolescence, du péché inavouable : *« Que tu sois un criminel qui n'a jamais eu la précaution de laver sa main droite avec du savon après avoir commis son forfait, et facile à reconnaître par l'inspection de cette main, mon palais est digne de te recevoir. »* Dans *Les Chants de Maldoror* on retrouvait, dense et serré, cet ailleurs que j'avais trouvé dispersé çà et là chez Vigny, Victor Hugo ou Hérédia.

Il est vrai que déjà, en internat, un jeune surveillant qui me punissait souvent m'avait fait lire *Une saison en enfer* après qu'il m'eut conquis, mais ce n'est que quelques mois plus tard, en arrivant à Pontoise, que j'en mesurai la portée car mon jugement s'était quelque peu affiné et je compris que le surveillant avait voulu me faire connaître d'esprit ce qu'il m'avait fait découvrir de chair puisque je fus « *esclave de l'Époux infernal, celui qui a perdu les vierges folles* ».

On m'avait retiré de mon internat de montagne, les fessées qu'on m'infligeait malgré mon âge avaient fait jaser. Or, dans ce collège, c'était tout autre chose : tout y était trop vaste, trop visible, c'était sans recoins, sans rencontres familières, sans forêts et sans greniers complices. Je n'étais livré qu'à moi. « *On ne part pas – Reprenons les chemins d'ici, chargé de mon vice qui a poussé ses racines de souffrance à mon côté, dès l'âge de raison – qui monte au ciel, me bat, me renverse, me traîne.* » On était voué à la main secourable, à l'imagerie, aux amours furtives dans des baraques de cantonnier, de courtes ivresses nues, des adolescences réciproques. De temps en temps il passait un attelage qu'on entendait de loin, on y revivait les exaltations de corps et on se sentait plus coupable, plus ridicule que les deux ou trois autres qu'on avait ensuite honte de croiser en ville.

Les *Illuminations* me troublèrent pour le moins autant que le troisième livre des *Confessions* : « *Le canon sur lequel je dois m'abattre à travers la mêlée des arbres et de l'air léger* », moi, c'était dans le secret de la mansarde. Comme pour tout le monde, les *Illuminations* furent une expérience rassurante, presque triomphale, elles agrandissaient le monde, prolongeaient l'horizon, je m'émerveillais des paysages. « *Je suis le piéton de la grand-route par les bois nains ; la rumeur des écluses couvre mes pas. Je vois longtemps la mélancolique lessive d'or du couchant. Je serais bien l'enfant abandonné sur la jetée partie de la haute mer, le petit valet suivant l'allée dont le front touche le ciel.* »

Dans ma mansarde, j'étais moi aussi le jeune valet que le monsieur viendrait enlever et prendrait dans la vaste bibliothèque du château. Je me cachais en fond de parc pour y rêver d'un condisciple à qui je n'osais pas même adresser la parole. J'y coupais de fines branches de coudrier, des badines, j'étais expert en la matière. Je viendrais les reprendre à la nuit tombante, cependant je n'avais pas de glace pour voir. Je portais ma faute sur moi, le visage imberbe et coupable, on y lisait les branches de bouleau ou de coudrier cachées dans la gouttière. J'étais l'adolescent surpris, à porte rabattue, en proie à lui-même, se condamnant au délicieux châtiment qu'il s'infligerait de sa propre main. Rousseau, dans *L'Émile* m'avait prévenu : « *S'il faut qu'un tyran te subjugue, je te livre par préférence à celui dont je peux te délivrer : quoi qu'il arrive, je t'arracherai plus facilement aux femmes qu'à toi.* » Moi, je ne voulais, à aucun prix, être délivré de ce tyran qui me subjuguait.

La poésie était donc un recours possible, elle pouvait peut-être, à travers Rimbaud, Verlaine ou Antonin Artaud, formuler ce que j'éprouvais ; elle pouvait faire savoir ce qu'on ne disait à personne, les solitudes interdites, les découvertes fortuites, cette « part échappée » autour de laquelle le monde, peu à peu, prend place. Montagnes et vallées, prairies et sentiers, tous les lieux étaient ainsi animés, érotisés.

Ce point vide, ce basculement vers ce qu'on est et qui ne contient rien, cet « être soi », la littérature pouvait parfois le formuler. Mais toujours un ajustement ultime faisait défaut. Par moments intenses, mais fugitifs, il peut y avoir coïncidence entre soi-même et ce qu'on lit, puis cela s'échappe ou se ternit. Il ne reste pour toute ressource que de marcher ou de pédaler à travers la campagne, à la recherche des lieux qui restitueraient cet ensemble de sensations colorées et corporelles qu'on a devant certaines toiles de Sisley, de Monet ou de Van Gogh exposées au Jeu de Paume.

Avec le rare argent qu'on me donnait de temps à autre, j'avais acheté le *Van Gogh suicidé de la société* d'Antonin Artaud, je le lus dans le train entre Paris et Pontoise et ce fut un nouveau coup de foudre, la réalité cette fois explicite de l'infranchissable intervalle qu'est le texte d'Artaud qui ne peut jamais être ce dont il parle. Artaud évoque la *« source étrangement obscure »* de ce combat de Van Gogh avec ce qu'il ne pouvait pas dire, *« la surchauffe du creuset »*, il décrit ce *« formidable embrasement »* qu'est ce départ sans arrivée. *« L'orageuse lumière de la peinture de Van Gogh commence ses récitations sombres à l'heure même où on cesse de la voir. »*

Certains textes, ainsi, recelaient cette pesée qu'on porte en soi, certains textes, comme celui-ci, font apparaître avec une force presque aveuglante ce qu'ils ne peuvent pas dire. Je m'aperçus que je lisais pour voir apparaître dans ce que je lisais ce qui à la fois se heurtait aux mots et ne pouvait pas les franchir. Je découvris ainsi, peu à peu, pris d'une fièvre sèche, que ce que les écrivains disaient *abordait* les mots mais sans jamais les franchir, que l'essentiel, eux-mêmes, restait en suspens, toujours à portée de main et jamais saisi.

La puissance d'Artaud, dans ce livre bref, c'est de ne pas pouvoir s'en contenter et d'être contraint d'écrire son Van Gogh, d'en continuer le *« cauchemar génésique »*. Le lecteur, à sa façon, ne pourra plus faire s'emboîter le ressentir sur la forme. Il n'y a pas coïncidence. Le prodige de Van Gogh, ce fut d'avoir pu – jusqu'au suicide – faire presque se confondre l'un et l'autre, au point de les redire indissolubles dans sa peinture qui, du coup, redevient sa propre *« forme germinale »* (Étienne Gilson) et son fond et sa forme. *« Organiste d'une tempête arrêtée et qui rit dans la nature limpide, pacifiée, entre deux tourmentes, mais qui comme Van Gogh lui-même est prête à lever le pied »*, écrit encore Artaud.

Grâce à la littérature, je percevais de mieux en mieux ce que je ressentais de ce mouvement immobile. Je cherchais avec une intensité fiévreuse où trouver cette coïncidence où l'un s'emboîtait sur l'autre, assuré de ne jamais la trouver. Ce que tentait de cerner Artaud, c'était cette force muette qui donne lieu aux mots et qu'ils ne contiennent pas, qui continue, en dépit d'eux, chez celui qui lit. La *forme germinale,* sans existence propre, n'est que cet intervalle que je suis. Je retrouvai Pascal : *« Nous ne cherchons jamais les choses, mais la recherche des choses »,* ou bien : *« Ce qui fait que les uns vont à la guerre et que les autres n'y vont pas est ce même désir qui est dans tous les deux accompagné de différentes vues. »*

Prise pour point de départ parce que comprise comme point d'aboutissement, l'œuvre peinte de Van Gogh ne fait que replonger le poète Artaud dans la dimension de l'indicible dont le peintre n'est pas sorti. En présence des peintures de Van Gogh, Artaud s'est trouvé devant une « matière poétique » à recommencer.

En 1947, je n'avais pas osé aller au Vieux Colombier, assister à la lecture par Antonin Artaud de son *Pour en finir avec le jugement de Dieu,* ma paralysie intérieure était trop grande pour m'aventurer en compagnie de célébrités. On m'aurait repéré aussitôt, on se serait donné des coups de coude, j'aurais senti pendre autour de moi mon manteau jaune en poil de chameau, donné par charité, et qui me frôlait les chevilles.

À peu près en même temps, après la découverte de *Madame Bovary* et d'*Un cœur simple,* qui édifièrent en moi les paysages où se situaient tous les récits que je lus par la suite, un jeune professeur de français rencontré sur les quais m'offrit *Bouvard et Pécuchet,* non sans m'avoir régalé à la pâtisserie et emmené dans sa garçonnière, si bien qu'une fois de plus l'écrit et le désir se chevauchèrent, se mêlèrent. Je fus, en effet, fessé, enfourché, et superbement attelé. Après quoi j'emportai *Bouvard et Pécuchet* à Maubuisson, dans ma mansarde.

Bouvard et Pécuchet, c'est la grandiose transgression du savoir par le désir de savoir, la traversée de tous les obstacles du conformisme et de la commodité par ce désir de savoir. Ces deux personnages me devinrent intimement familiers, ils furent depuis le Rémi de *Sans famille*, les premiers à qui m'assimiler tout à fait ; d'eux je n'avais rien à craindre, eux non plus ne vacillaient pas sous le ridicule et la honte ne leur faisait pas peur. Dans sa pièce *Gustave n'est pas moderne,* Armando Llamas a su le voir : le regard y manque ce qu'il y cherche. Il n'y a pas de fusion possible avec les choses, rien n'abolira l'intervalle qui les fait apparaître, chacun se tourne le dos à lui-même.

Chaque lecture précisait, effilait ainsi cet insaisissable qu'on est au-dedans de soi. Tout se situait dans « l'entremots », comme si les bruits de langue perdaient toute consistance. Le plus étrange, c'étaient les mots – fromage, fromage, fromage, qu'avait à voir ce mot avec le fromage ? Les mots s'effondraient, absurdes, grotesques. Le « sens », c'était ce qui se déplaçait dans la phrase, qui n'y était nulle part, tout comme le filigrane des choses ne cessait d'échapper à Bouvard et à Pécuchet.

Il y eut aussi, de manière presque fortuite, la découverte tardive du théâtre de Molière, acheté quelques francs quai de Montebello. Ce fut l'étonnement, le saisissement radical devant ces personnages privés de parole : Sosie, George Dandin, M. Jourdain, acculés au manque de mots, aux preuves qui se retournent contre eux, coincés dans l'indémontrable évidence, et qui en restent pantelants, à en battre des bras.

Pourceaugnac, Alceste ou Arnolphe ou même Harpagon en sont réduits à eux-mêmes, à dire « je sais ce que je sais » comme s'ils ne pouvaient plus que happer le silence. Ils sont dans la dérision, entourés de signes contraires, et ne peuvent à aucun moment s'établir tels qu'en eux-mêmes. Sosie, dans *Amphytrion*, est celui-là qu'il est, en dépit de la défense qui lui en fut faite, puisque Mercure, au service de Jupiter, se substitue à lui. Sosie est celui-là qu'il est, en deçà de son nom, il dit je suis celui qu'il m'est interdit d'être, ce n'est pas moi qui suis moi. Ce qu'on sent, on ne peut le faire passer par le langage, l'évidence est telle que les signes s'en inversent. Harpagon saisit son propre bras et se croit le voleur.

Je suis ce que vous m'enjoignez d'être mais qu'au fond de moi je ne suis pas. M. Jourdain se prend pour lui-même tel qu'il n'est pas. Dom Juan ne vit que dans le défi par-delà les signes, et Alceste ou Tartuffe sont inversement l'un de l'autre ce que les signes ne disent pas d'eux.

Toutes les situations que crée Molière dépassent d'emblée l'expression verbale. Tous les personnages de son théâtre sont réduits au silence par l'entourage ou la situation où ils se trouvent. Ils échouent à coïncider avec les apparences. Et ce silence n'est rien d'autre que l'origine de la parole, la dimension au sein de laquelle chacun est dans la conscience de lui-même. Si Molière se plaît tant à acculer ses personnages à des situations où la parole ne peut plus franchir le rempart de l'apparence accusatrice, c'est peut-être parce que le théâtre a pour objet ce manque même puisqu'on y voit toujours représenté *l'autre côté* du langage : le spectateur n'est-il pas celui à qui tous les fils aboutissent et qui, au sein de sa situation muette, est celui qui est à la fois au centre et à l'extérieur du spectacle ?

De pièce en pièce, le ressassement se lit de plus en plus vif, semblable à celui de la lecture de Kafka : une véritable prise de corps. Un livre qui ne s'inscrit pas dans le corps, qui ne change pas la respiration, ne vaut pas la peine d'être lu. Dans une lettre à son ami Oskar Pollak, Kafka écrit le 24 janvier 1904 : *« D'ailleurs, je crois qu'on ne devrait lire que les livres qui vous mordent et vous piquent. Quand le livre que nous lisons ne nous réveille pas d'un coup de poing sur la tête, alors pourquoi le lire ? »* et il ajoute plus loin, cette phrase désormais bien connue : *« Un livre doit être la hache pour briser la mer gelée en nous* », sauf que pour moi cette mer n'était pas gelée, elle était simplement si proche qu'on ne parvenait pas à s'y baigner.

J'avais raté la deuxième partie du baccalauréat pour la seconde fois, à la session de septembre 1947. Je vivais dans un désespoir rêche, comme si je ne cessais de pousser une armoire devant moi, d'autant plus lourde et encombrante que c'est moi qu'elle contenait. L'inutilité de mon existence m'apparaissait de plus en plus nettement. J'étais entreposé en moi, bloc vertical qu'il me fallait charrier partout où j'allais.

Dans la comptabilité de l'orphelinat, je figurais dans la rubrique « Dépenses », sur une colonne spéciale titrée « Compte Arthur » entre « Entretien, produits de nettoyage » et « Chauffage ». Si je ratais le bac une troisième fois, j'étais assuré de finir japhagnol, voué aux menus emplois et aux chambres de bonne avec eau sur le palier. J'avais lu *La Négresse blonde* de Georges Fourest, et dans ce recueil, en particulier, *Une vie,* je savais à quoi m'attendre. J'avais dix-neuf ans et il me fallait m'arranger avec le désarroi, l'aller-retour de l'enthousiasme et du mal de poitrine : tantôt on se sentait aussi vaste que le monde, tout vous soulevait de l'intérieur, on contenait à soi seul tous les voyages et le moindre tournant de sentier devenait une gigantesque aventure, tantôt c'était un bloc de ciment qui vous occupait la poitrine, on aurait pu en tracer les contours tellement on le sentait avec précision, tantôt c'était les deux à la fois.

Je traînais en moi une masse épaisse, consistante, opaque que les lectures ne parvenaient plus à défaire : romans, récits ou poésie ne me rassuraient plus que par instants. J'errais autour de Pontoise ou dans le jardin public, espérant on ne sait quelle rencontre, n'osant pas le moindre geste, figé par l'angoisse. La rentrée approchait et je devais à tout prix réussir, cette fois, le bachot. Je me rendis à la librairie Comte, en haut de la place du Martroy, cette étrange place penchée en descente sur elle-même.

Le vieux père Comte vendait une multiplicité d'ouvrages et toutes les collections populaires disponibles de ce temps-là, sous couverture plus ou moins pâle. Il avait en rayon beaucoup de livres publiés par la NRF. Sur l'une des tables, je vis soudain deux volumes d'un jaune un peu rosé, indéfinissable. C'était la *Critique de la raison pure* de Kant, qui était justement au programme. Je l'acquis.

Retourné à ma mansarde, je me mis à lire et dès la seconde préface, je sentis qu'il se passait quelque chose qui ne me lâcherait pas de sitôt. Je ne savais pas encore très bien de quoi il s'agissait, mais je sentais que je ne pourrais plus m'y dérober, que j'étais à la lettre aspiré par ce prodigieux problème des limites mêmes de la pensée : « *La question capitale,* écrit Kant, *est toujours de savoir ce que l'entendement et la raison indépendamment de toute expérience peuvent connaître et non pas comment la faculté même de pensée est possible.* » Puis je découvris, peu à peu, à travers « l'Esthétique transcendantale », par le schématisme *a priori,* qu'il n'est pas possible de penser hors des formes premières de l'espace et du temps. On ne peut penser autrement qu'on ne pense, on ne peut se dégager des limites de la pensée qui sont justement ce qu'elle pense elle-même en elle. (Je ne connaissais pas encore Wittgenstein.)

Plus j'avançais, plus je sentais, presque corporellement, la nécessité de continuer à lire, c'était une croissance de pensée, qui se faisait chaque jour plus impérieuse, et dont je compris qu'elle n'était que le prolongement, l'affermissement de ce vide anonyme, en moi, découvert ce jour d'octobre 1943, mais qui trouvait ici de quoi persister. Je lus toute la *Critique de la raison pure* en peu de jours, remplissant des cahiers entiers de commentaires probablement peu originaux.

Ce que Kant m'apprenait, c'est qu'il n'est pas possible de penser hors des conditions mêmes de cette pensée. Tout se passait comme si la philosophie contenait une résistance à elle-même, comme si elle était faite pour ne pas parvenir à elle-même, comme si son essence était de ne pas pouvoir la formuler. Je lus aussi Gaston Bachelard ou Nietzsche, mais ne cessais de reprendre Kant. Rien de plus étonnant que cette lente construction qui, d'élément en élément, ne cesse de se rapprocher de quelque chose qui ne s'établit pas.

Ce travail d'édification à la fois énorme et ténu me prenait intérieurement et j'étais confondu d'admiration devant une pareille puissance de concentration. « *Tout passage d'un état à un autre a donc toujours lieu dans un contenu entre deux mouvements dont le premier détermine l'état d'où sort la chose et le second celui où elle arrive.* »

C'était cet intervalle où le temps se fait qui était tout à la fois formulé et insaisissable. Cela correspondait, de page en page, si exactement à mon vide intérieur que je n'en sentais que plus fortement la fuite du philosophique devant les mots.

Au fond la philosophie – et mes lectures me le confirmaient de jour en jour – pouvait se figurer par l'image de l'âne qui poursuit la carotte attachée au-dessus de sa tête.

Cette distance invariable était bel et bien le contenu même du philosophique que je retrouvais à chaque page de la *Critique*. J'y retrouvais aussi, c'était une autre forme de distance, la différence entre le texte français que j'avais lu et l'original allemand. C'était exactement la même chose avec pourtant, en allemand, un aspect plus serré, plus dru, plus proche de ce qu'on voit, de ce qu'on touche, comme si la matérialité de la langue était plus palpable, plus réelle, comme si ce qui était écrit collait davantage à ce dont il était question.

Baccalauréat enfin en poche, et même avec mention assez bien, je résolus de faire de la philosophie et j'allai à la Sorbonne écouter Jean Wahl, René Poirier et Gaston Bachelard, surtout, dont la parole généreuse et vivante conduisait la pensée vers des données à la fois inattendues et familières. Cependant, je ne me sentais pas à ma place, je gardais toujours, à l'intérieur de moi, cette perpétuelle impropriété, cette sensation d'illégitimité. Au fond, on était bien gentil de me garder. J'avais déjà cette chance extraordinaire de pouvoir faire des études, logé, blanchi, nourri aux frais de la baronne, et le mal-être me tenait !

Mais, à ce malaise-là – origines douteuses et survie superflue, habitudes inavouables –, je ne trouvais aucune forme d'expression adéquate ou même possible, il ne faisait que recouvrir celui plus profond et universel de l'inappropriation du langage à ce qu'il est censé dire, comme si, et cela j'étais alors sur le point de me le formuler, c'en était la raison d'être, comme s'il était d'être impropre.

Une tension habitait la philosophie mais qui n'en finissait pas de retomber, elle contenait cette « tension vers », ce perpétuel inachèvement, cette pesée intérieure sur laquelle elle tente de mettre des mots, cet inaccessible tout proche, mais elle était sans réalité concrète, sans corps, elle ne racontait pas d'anecdotes, on ne ressentait que rarement ce qu'elle contenait ou plutôt on le sentait si fortement qu'on se rendait compte à quel point cela lui échappait.

À l'inverse, les récits, les romans que je lisais ne me semblaient que contenir fortuitement, presque sans le vouloir, cette dimension, à la fois muette et inéluctable. D'ailleurs, je lisais de moins en moins de romans, à l'exception de Flaubert. *Madame Bovary*, autre point de sidération à l'égal de Pascal, de Rousseau ou de Rimbaud, était devenu pour moi l'absolu de ce qu'on pouvait écrire : nulle part, je n'avais trouvé à ce point la coïncidence entre les mots et ce qu'ils représentaient. Chaque phrase ouvrait l'œil intérieur. On ressentait tout, presque comme si on le vivait soi-même. Dans *Madame Bovary*, Flaubert écrit : *« Comme si la plénitude de l'âme ne débordait pas quelquefois par les métaphores les plus vides, puisque personne, jamais ne peut donner l'exacte mesure de ses besoins, ni de ses conceptions, ni de ses douleurs et que la parole humaine est comme un chaudron fêlé où nous battons des mélodies à faire danser les ours quand on voudrait attendrir les étoiles.* »

À la même époque ce fut la découverte du roman de Josef von Eichendorff, *Ahnung und Gegenwart,* (Pressentiment et présent), un roman romantique, écrit en 1831, en un allemand fluide et précis, clair et énigmatique à la fois, comme on ne l'aime pas en France où on n'aime qu'une Allemagne de granit, cuirassée et bardée de profondeur et encore moins en Allemagne où on n'aime l'allemand qu'abyssal et prophétique. Dans ce roman Eichendorff écrit, tout comme Flaubert : « *Tous les hommes ne se démènent-ils, ne se torturent et ne s'échinent-ils pas pour donner forme extérieure à la mélodie singulière donnée à chacun au profond de son âme et que l'un peut exprimer mieux et l'autre moins bien telle qu'il l'a présente à l'esprit.* »

Cela coïncidait exactement : nul être humain ne peut s'expliquer tout à fait, chacun est voué à une indémontrable identité et le sens de la littérature n'est pas de trouver une issue, elle n'a pas de sens, tout simplement, elle dit ce qu'elle a à dire. Peut-être, rien que d'être écrite, est-elle destinée à contenir ce geste qui la fit naître, ce juste avant, à fleur de mots, cet intervalle presque succulent à force de ne pas se révéler. Elle encourageait en tout cas à persévérer et me confirmait dans ma condition d'être. On m'avait « invité » en France, le français était devenu ma langue maternelle. Mais avais-je vraiment le droit de m'y complaire, de m'y « faufiler », c'est peut-être ce qu'on aurait pu ne pas manquer de me dire et qu'on ne m'a jamais dit.

De plus en plus, le français me semblait constitué par cette langue du XVIIe et du XVIIIe siècles à travers laquelle je l'avais découvert, il avait un glissement, un velouté particuliers. Le français était une langue aérée, une langue de grand large qu'on pouvait emporter loin, une langue d'ouverture où il y avait de la place et Flaubert m'en semblait l'exemple même. Cela s'adressait à tous les sens et de plus chaque phrase recelait sa propre mémoire et rendait plus riche celle du lecteur. Le français était une langue colorée par le soleil couchant, c'était une langue d'ouest, curieusement maritime alors qu'elle est surtout la langue d'un pays de terre, peu ouvert sur l'imagination marine.

L'allemand me semblait plus cru, une langue un peu verte, une langue de lève-tôt, sac au dos, une langue du matin, à la parole un peu embarrassée, à laquelle les mots viennent difficilement parce qu'il en a beaucoup fabriqués avec peu d'éléments. C'était une langue à la démarche un peu lente. Dès qu'on ouvrait un livre, on était frappé par le côté hérissé, dru, bardé, dressé que prenait la langue lorsqu'elle faisait dans le théorique ou dans l'essai. Si admirable et riche, si souple, en réalité, et si ample soit-elle, on l'avait raidie, déformée, cassée et pour toujours blessée. L'allemand des « savants » ou comme le voulait l'adage celui des « poètes et des penseurs » *(Dichter und Denker)* était devenu comme on le disait à Berlin sous Hitler, celui des « juges et des bourreaux » *(Richter und Henker)*.

Or, étudier la philosophie me mettait nécessairement en présence de textes que je redoutais de lire et qui me sollicitaient, tout à la fois. Me servir de cette langue qu'on avait utilisée pour organiser l'extermination, vouloir en somme profiter des facilités que j'avais en ce domaine, c'était, d'une manière ou d'une autre, participer au crime et ne pas être « du côté des victimes ». Si j'étudiais cette langue, en quelque sorte, c'était être, non certes du côté des bourreaux, mais de ceux, en tout cas, qui n'avaient rien à redouter des « persécutions ». Les autres, les Juifs, les anciens déportés, j'en connaissais, les anciens Résistants ou qui avaient été d'opinion résistante, eux s'en étonnaient gentiment : « Comment peut-il, après ce qu'ils lui ont fait ? » Ce n'était qu'un cran de plus dans l'illégitimité.

J'avais vite compris que la philosophie ne me mènerait à rien. Il y avait cinq ou six postes à l'agrégation et guère plus au CAPES. Je n'avais pas la moindre chance et je dus bel et bien me rabattre sur l'allemand.

C'était étrange et facile, mais cinq ans après la fin de la guerre, c'était comme si on y replongeait. On ne pouvait pas dissocier l'allemand du nazisme, le trouble s'était installé dans la langue. À chaque phrase, on était malgré soi contraint de s'interroger et on voyait immédiatement celles qui contenaient ces affirmations et ces brutalités grandioses et froides, ces condamnations radicales qui avaient inéluctablement mené à l'irréparable catastrophe.

J'étais ainsi pris entre ma propre enfance, entre les aventures de Max et Moritz, les deux garnements insupportables, racontées par Wilhelm Busch, à la fin du XIXe siècle, en bandes dessinées, contemporaines du sapeur Camember et les textes compacts sans alinéas et pleins de majesté des « grands » littérateurs germaniques. C'était en Sorbonne que j'allai m'y remettre, retrouver ma langue avec ses dispositions, ses développements abondants, les piliers de granit, les casques d'acier, les biches au bois et les fleurs des champs, la prose serrée et la poésie grave.

Peu après, en 1949, ce fut le premier retour en Allemagne, on y avait la ruine prospère et la mémoire courte. Les gares avaient déjà retrouvé leurs vitrages et les boutiques fleurissaient parmi les décombres soigneusement rangés. Personne ne voulait plus entendre parler de rien, à peine des bombardements qui détruisirent Hambourg de fond en comble. Sous les bombes incendiaires, les immeubles avaient fondu sur place, et atteints par les bombes au phosphore, les gens avaient été brûlés vifs à l'air libre ou s'étaient noyés en sautant dans les eaux de l'Alster pour se protéger des flammes.

La ville profitait, au milieu des ruines et des enseignes lumineuses, mais il n'y avait jamais eu d'enfants éliminés dans les sélections, il n'y avait jamais eu de déportés, personne n'avait entendu les trains qui roulaient vers le camp de concentration de Neuengamme tout proche.

Épargnées grâce au mariage mixte, les « Juives » mariées à un « Aryen » ne pouvaient pas être déportées, le reste de la famille vivait donc dans les meubles et les reliures de mes parents : Goethe, Schiller, Fontane et même Heine, mais en volumes plus petits. On craignait comme la peste cet esprit alerte et génial, original et non-conforme dans ce milieu de Juifs convertis qui se voulaient les meilleurs des Allemands, et qui l'étaient. Heine, un arrière-grand-cousin de la famille, écrivait une langue vive et précise qui allait droit à sa cible, un allemand impeccable et infaillible. Il avait « mauvais esprit », c'est pourquoi on le redoutait un peu dans la famille, sa fréquentation était jugée dangereuse quand on était aussi totalement intégré que l'étaient mes parents. Il n'avait pas peur de la vérité et ne cachait pas sa judéité.

On dirait à lire tous ces philosophes, qu'ils se plaisent à bloquer à chaque fois leur expression allemande sur des leurres, des points d'arrêt qui ne tardent pas à se dérober et qui cèdent dès qu'on insiste, si bien que la précision des détails de leur allemand pourrait bien être illusoire et les vouer à une chasse aux mots qui ne finit jamais. Le français semble moins enserrer le locuteur de précisions de toute sorte et de gestes délimités, il semble laisser davantage le champ libre à la pensée. tout se passe comme si le français mettait sur la voie, là où l'allemand conduit le voyageur pas à pas.

À ma connaissance seuls Eichendorff et Nietzsche écrivaient un allemand à ce point dans son propre fil, à ce point ajusté à lui-même, que sa clarté le rendait vertigineux, aussi vaste que les textes les plus faussement sibyllins, chantournés ou obscurs dont une grande partie de la littérature allemande était encombrée, celle du moins qu'on aimait alors en Sorbonne : romantique et profonde. La langue quotidienne, si belle, si imaginative, y était totalement inconnue, cette langue pleine d'humanité et de drôlerie avait été exclue des amphithéâtres. On n'y parlait jamais de Hans Fallada, de Erich Kästner et de bien d'autres qui écrivaient un allemand émouvant, ouvert, amical, la plus belle des langues, mais la langue toujours trahie, toujours vilipendée car jugée trop accessible, la langue qu'écrivent aujourd'hui Peter Handke ou Paul Nizon, qui d'ailleurs ne sont allemands ni l'un ni l'autre.

Je revins de là, mes valises remplies de livres reliés, j'avais emporté tout ce qui pouvait m'aider à obtenir ma licence et peut-être le CAPES, Goethe en vingt volumes et deux voyages, en 1949 et 1950, Novalis, Fontane, Hebbel, Hesse. Il n'y avait là-dedans guère de personnages à qui s'identifier tout à fait, si ce n'est le jeune héros de *L'Ornière (Unterm Rad)* de Hesse. On eût dit que derrière chaque chose se cachait la menace d'un engloutissement, d'une catastrophe inévitable. Tout était, sans cesse, livré à des forces extérieures, à de redoutables ténèbres. *Die Zeit ist nah,* les temps sont proches. Dans le fond, on sentait l'effroi, mais qui n'avait plus rien de biblique ; c'était « l'être illimité » et vengeur des « romantiques » tels Ernst-Moritz Arndt.

Il traînait toujours, quelque part, cette idée de l'Allemagne seule et exclusive détentrice des « valeurs authentiques » comme l'affirmait le philosophe Johann Gottlieb Fichte. *« Am deutschen Wesen soll die Welt genesen »,* « l'Être allemand guérira le monde », disait jadis le poète national Emmanuel Geibel.

J'avais deux parrains, comme cela se pratiquait dans les bonnes familles luthériennes, un pauvre et un riche, le riche m'alloua une petite somme (100 DM de 1949) pour que je renonce à le voir. Je m'achetai un stylo Mont-Blanc et quelques nouveaux livres. Le *Docteur Faustus* venait de paraître, je voulus en avoir le cœur net. J'y trouvai l'Allemagne telle que je l'avais en tous points soupçonnée : « *Quel bizarre effet ne produit pas ce lamento culturel contre les méfaits que nous avons suscités, lorsqu'il provient de la bouche de ceux qui entrèrent dans le théâtre de l'Histoire, annonciateurs et porteurs d'une barbarie qui prétend rajeunir le monde et qui se surpasse en infamie.* »

Thomas Mann avait tout dit de l'Allemagne de ce temps-là, il avait tout dit sur cette conjonction entre le gothique et la métallurgie, entre froideur et mignardise, entre attendrissement et Zyklon B, mais il l'avait dit lui aussi en langue raide. Peu à peu je compris que la fameuse « philosophie allemande » y était pour quelque chose, tout comme la *deutsche Gründlichkeit,* cette manie allemande d'aller jusqu'au bout quoi qu'il en coûte, dans une sorte d'amok que rien ne peut arrêter et qui est à l'origine de l'apocalypse que connut alors l'Europe.

IV

Rencontres

Au printemps de 1950, on organisa au Grand Amphithéâtre de la Sorbonne une grande cérémonie en l'honneur de Thomas Mann. Il y eut des discours pas trop longs et on entendit Jules Romains faire l'éloge de son « collègue allemand », celui-ci le remercia en français et l'appela Romain Rolland, mort depuis déjà pas mal d'années. Un grand rire traversa tout l'amphithéâtre. Après sa « prestation », les étudiants entourèrent Thomas Mann. C'était la première fois que je voyais un « grand homme », en chair et en os et en costume trois pièces. Je fus frappé par son regard bleu vif mais comme indifférent.

C'est en 1950 aussi que tout se mit en place, sans que l'appréhension et la mauvaise conscience se fussent relâchées pour autant. Tout se rejoignit et s'organisa autour du hasard. Au programme de ce qu'on nommait alors « Certificat de littérature allemande » pour la licence, il y avait un récit de Heinrich von Kleist que je ne connaissais pas, *Micheal Kohlhaas*. Kleist était l'un des très rares écrivains classiques de langue allemande dont toute l'œuvre tenait en un seul volume. D'une seule traite je lus ce récit extraordinaire écrit dans une langue juridique, compacte, sans aucun vide, une langue admirablement appropriée à ce qu'elle exprime. Kleist dit avec une fulgurante exactitude ce qu'il a à dire. Cela se passe au XVe siècle, au temps de Luther : un maquignon, dont on garde arbitrairement deux chevaux à l'octroi où il avait l'habitude de passer sans encombre, en vient, en toute justice (sauf qu'il se la rend à lui-même), à dévaster toute une province, à mettre le Brandebourg à feu et à sang et ce, à partir d'un événement initial sans grande importance qui déclenche des emboîtements successifs à la fois fortuits et irrémédiables. *« Sans cesse rejeté dans l'enfer d'une vengeance inassouvie »*, il se trouve toujours à la croisée des chemins et finit, sous l'effet du hasard (mais que signifie hasard dans un récit de cette nature ?), par devenir détenteur du sort de la maison de Saxe (elle sera évincée par celle de Brandebourg) dont le destin est écrit dans une amulette que lui a confiée une vieille femme. Au bout du compte, à la fois il lui est rendu justice, ses chevaux lui sont restitués éclatants de santé, et lui-même est condamné à mort. L'électeur de Saxe est là, avec ses hommes, autour de l'échafaud pour le délivrer, afin de récupérer le papier contenu dans l'amulette et portant son destin. Mais Kohlhaas avale le papier et *« livre sa tête au bourreau »*. À la suite de *Michael Kohlhaas,* j'ai lu les autres récits de Kleist, tous écrits dans cet allemand dense, puissant et carré, presque redoutable. Un thème revient sans cesse, toujours inaboli, intact, perpétuellement recommencé. Tous les personnages de ces récits sont à la fois les instruments et les objets de leur destin. À partir d'un fait insignifiant, tout se déroule de manière implacable, avec une absolue liberté, mais dans l'ignorance des conséquences exorbitantes que les enchaînements successifs provoquent.

C'est parce qu'ils sont allés rendre grâce d'avoir été sauvés du tremblement de terre que les deux jeunes gens du *Tremblement de terre au Chili* sont mis à mort par la foule. De même, dans *Les Fiançailles à Saint-Domingue,* le personnage principal de l'histoire tue la femme qui est venue le sauver, ou dans *L'Enfant trouvé,* un homme se détruit et détruit tout autour de lui parce qu'il a recueilli un enfant abandonné au bord du chemin. Tous les personnages, en toute liberté, déclenchent un engrenage qui ne vaut que pour eux et qui les broie comme s'ils étaient à la fois sujets et objets de leur propre histoire.

Je lus cela en Allemagne du Nord, où tout allait bien, le pays se donnait bonne conscience en lisant *Das Brandopfer* (L'holocauste), d'un pasteur protestant nommé Albrecht Goes, qui raconte l'histoire d'innocents brûlés dans une église… Je passai l'été 1950 à Kiel où mon beau-frère Ludwig Landgrebe, qui fut le dernier assistant du philosophe Edmund Husserl, était professeur de philosophie à l'Université. Il connaissait tout de ce qui avait été publié jadis en Autriche-Hongrie. Il était en relation avec les universitaires allemands et tchèques émigrés et avait reçu deux exemplaires du *Procès* de Kafka en 1946, dès qu'il fut publié par Schocken à New York ; il m'en donna un et la première phrase fut un véritable coup de boutoir en pleine poitrine, elle me coupa le souffle, d'emblée je sus que j'avais trouvé enfin mon livre.

« JEMAND MUSSTE Josef K. verleumdet haben, denn ohne daß er etwas Böses getan hatte, wurde er eines Morgens verhaftet » : Quelqu'un avait dû calomnier Joseph K. car sans avoir rien fait de mal il fut arrêté un beau matin. Jamais je n'avais lu pareille « entrée en matière ». Tout, jusqu'à la substance de l'histoire, était déjà donné, d'entrée de jeu, on ne savait encore rien et pourtant, innocent ou coupable, on savait déjà tout, sans mots. C'était à hauteur de poitrine une présence massive, continue. Peu d'histoires aussi plausibles, aussi familières que celle de Joseph K., tout y était évident, on s'étonnait que cela ne vous soit pas encore arrivé. *Le Procès* racontait l'histoire de chacun, telle qu'elle pouvait, à tout instant, avoir lieu, telle qu'elle avait lieu. Ce récit n'était détaché de la réalité du lecteur, du temps propre, du temps de soi que par la mince pellicule du hasard. C'était un « autre temps », près de vous toucher, en suspens, ni passé ni présent ni futur, là, tout simplement. On l'avait échappé belle, mais la menace était là, en attente.

Je ne lisais pas, c'était plutôt comme si précisément, quelqu'un d'autre était moi. On était au centre de l'histoire, saisi au milieu de soi-même, parallèlement à soi, comme si tout se passait ainsi, comme si la naissance avait simplement été décalée. Cette lecture savait quelque chose de moi que personne ne devait savoir ; elle savait de l'inavouable. Dès le début on s'attend à quelque spectacle de justice dont on serait soi-même l'objet. Dès cette première phrase, la lecture fut comme aucune autre, plus vive, plus vigilante que d'habitude, avec cette fois cette certitude immédiate de ne pas être exclu.

Il y a ainsi quelques rares livres grâce auxquels on parvient à se libérer de cette menace toujours présente de la démence précoce, des livres dont on découvre qu'ils empêchent de gratter le sol, de griffer l'herbe, de pleurer d'un seul coup des années de désespoir, d'irrémédiable séparation, de foyer perdu, de mère à jamais disparue. Ces livres se situent là où on est, dans l'intervalle que les mots parcourent sans le recouvrir. Ces livres, tels *Le Procès,* prodiguent un grand calme, un étrange apaisement.

La plupart du temps, les mots, les phrases, les textes côtoient, atténuent, évitent le vertige d'être ou le frôlent par battements. Certains « écrivains maudits » y sombrent, s'y engloutissent comme Antonin Artaud. Leur expression y tombe, on est contraint par eux de s'exorbiter, donc de s'inventer une forme possible pour tenter de cerner l'intensité qui les habite. Il en fut ainsi de Hölderlin dont la découverte se fit cette même année 1950, en même temps que celle de Kafka et de Kleist.

Je lus à haute voix toutes les *Élégies* et les *Odes,* à la suite les unes des autres, dans un constant état d'exaltation. À force de lire à haute voix *Pain et Vin, L'Archipel* ou *Vulcain,* parmi tant d'autres, il me parut que la tension qui s'y manifestait n'était pas faite pour un lecteur comme moi, je n'en étais pas. Elle m'était donnée en vis-à-vis. Cette fuite du « sens » devant les mots, cette exaltation devenait monumentale et sévère, magnifique et lointaine. On était comme frappé d'indignité. Parfois il me semblait que cette poésie m'excluait, qu'elle exprimait un « essentiel » auquel, du fait de mes origines, je n'avais pas droit.

Cependant, cette rythmique respiratoire si particulière et si prenante de la poésie de Hölderlin ne me lâchait pas et je me mis à écrire des « odes » en allemand, sur ce même mode, ce qui d'ailleurs n'est pas très difficile. Bien plus tard, j'en publiai même une dans une revue. La lecture à voix haute fait assez vite succomber à l'illusion de la profondeur. L'être physique du lecteur s'en trouve changé, on sent les poèmes entrer dans la dimension intime du soi. Des paysages en surgissaient abrupts et vastes. Quelque chose de froid et d'orageux, cependant, les habitait, c'était illimité et impérieux :

Proche est
et difficile à saisir, le dieu

Comme le dit le début bien connu de *Patmos,* l'un des « chants patriotiques ». La patrie est ici l'humanité, bien sûr, mais malgré la ferveur, toutes ces grandes élégies inhabitées repoussaient le lecteur, le remettaient dans son « ici », à la place qui lui revenait et les humains étaient destinés à s'incliner devant des puissances supérieures.

Un signe sommes-nous, sans clé
Sans douleur nous sommes et avons presque
Perdu la parole à l'étranger

écrit Hölderlin dans la seconde version de *Mnemosyne.* Chacun des chants de Hölderlin exprime, selon ce même élan, lyrique et mélodieux, l'infranchissable distance qui sépare l'homme de ce qu'il veut exprimer, mais chez Hölderlin, c'est l'ailleurs qui se manifeste et non celui qui le ressent. C'était comme une condamnation par le dehors et c'étaient les forces extérieures aux hommes qui faisaient autorité. Il disait ce que disait Kafka, mais dans l'autre sens.

Les premières odes de Hölderlin datées encore de Denkendorf, quand il avait quatorze ans, *La Nuit, Les Miens, Le Laurier,* tous ces poèmes naïfs, ses odes d'amour *(À mon B.),* à ses amis Bilfinger ou Hiller, je les lisais en même temps que *Le Procès* et *Le Château*, passant sans cesse de l'un à l'autre. Elles étaient tout animées par l'enthousiasme de l'adolescent qui découvre les émerveillements du plaisir solitaire dont la rythmique et les images parcourent ces poèmes. Les amours d'internat, en l'occurrence du Stift de Tübingen (le couvent-école pour les futurs pasteurs protestants), véhémentes et passionnées, ressenties pour Hegel d'abord, puis pour Schelling ensuite, ont imprégné cette poésie comme en fut marquée celle de Rimbaud.

En revanche, à la différence de ces grands monuments glacés de la « maturité », les derniers poèmes dits de la folie signés Scardanelli, et que Hölderlin écrivit de 1811 à 1843, mystérieux et pleins d'une énigmatique douceur, étaient habités d'une étrange et pathétique tendresse. C'étaient des poèmes accueillants auxquels même des « mal-nés » avaient accès.

Quelque temps après, ce fut la lecture des *Cahiers de Malte Laurids Brigge*. Ce livre de la solitude et de la contemplation du monde était écrit en un allemand lent et un peu désolé, très clair, à la fois grave et simple et moins solennel que celui du *Hypérion* de Hölderlin dont la langue si souple et mélodieuse recelait un infranchissable obstacle hiérarchique – je n'en étais pas et ce texte me le faisait savoir.

Malte Laurids Brigge était proche du lecteur, c'était une lecture fraternelle dont le regard était celui que chacun portait, en secret, par-dessous, sur les choses les plus familières et les plus coutumières, les lieux n'étaient pas des décors, mais des lieux vécus, à Paris et ailleurs. Rilke, comme Rousseau, écrivait : « *Des hommes qui, un jour, du temps qu'ils étaient à l'école, ont essayé le vice pitoyable dont les confidentes abusées sont les pauvres mains dures des jeunes garçons, s'y retrouvent ou bien c'est une maladie qui se remet en eux, qu'ils avaient surmontée, enfants ; ou bien c'est une habitude perdue qui est revenue, une manière un peu hésitante de tourner la tête qui leur était propre bien des années auparavant. Et avec ce qui vient, c'est tout un emmêlement de souvenirs troubles qui y est accroché comme des algues à une chose engloutie.* »

Cet autre parlait à votre place de ce tyran qui vous subjugue. Parfois on reconnaissait ainsi une part commune. Ce que Rousseau et Rilke écrivent révèle le moteur secret de l'écriture, le même que pour Hölderlin, qui allait sûrement s'épandre au bord du sentier du Schloßberg en pensant aux étreintes d'Isaac von Sinclair, son ancien amant. Le *Journal* de Wilhelm Waiblinger, qui rend en 1823 visite à Hölderlin, est, heureusement, explicite à cet égard.

La lecture des *Désarrois de l'élève Törless* fut à travers la figure de Basini une autre étape capitale – Basini, c'était moi, au détail près – mais cette lecture fut entravée par les interminables épaisseurs rhétoriques qui encombrent le récit, comme si la passion de vivre avait besoin d'élancements abstraits pour dissimuler l'enthousiasme de l'imaginaire.

Pendant mon service militaire, en 1954, je l'avais accompli en tant qu'interprète, en zone d'occupation militaire française, on m'avait octroyé, ce qu'on nommait alors les « vacances du bon soldat » et j'avais visité, non sans émotion, à Tübingen, le fameux Hölderlinturm, la tour où Hölderlin avait eu sa chambre, chez le charpentier Zimmer de 1806 à sa mort, en 1843. Il fallait aller chercher la grosse clé de fer chez une vieille dame qui ne parlait que le souabe et habitait, à ras de pavé, une cave sombre de la Klostergasse qui longe la haute façade du Stift où il avait achevé ses études.

En 1954, Tübingen était encore une petite ville, à l'aspect ramassé, on y restait entre soi, c'était resserré, étroit. La campagne immédiatement environnante permettait aux étudiants fiévreux et enflammés de soliloquer à l'abri de la verdure et de s'imaginer l'Allemagne rédimant le monde. Je longeai moi aussi le Schloßberg, en ce temps-là le paysage était encore dépourvu de maisons, mais je n'osai m'y épandre.

Aux frais de la République on m'envoya en excursion à Constance avant de quitter Tübingen. D'autres pioupious, qui eux n'avaient pas la chance de savoir l'allemand, y traînaient un ennui sans bornes, erraient comme des immigrés, et passaient leur temps à compter, aller-retour, le nombre de jambages des barrières du bord du lac. Moi, je pris le bateau de Merseburg, une petite ville en pente raide, à une seule rue, d'où on ne s'échappait pas et qu'épaulait un vaste château sombre, tombant droit sur le lac. Le soleil du soir y plongeait, aveuglant, recouvrant tout d'un jaune lisse, impénétrable, dans lequel tout se recroquevillait et dressait des ombres noires. Un paysage de chasse à l'homme et d'exécution. C'est là qu'avait vécu la poétesse Annette von Droste-Hülshoff, auteur de l'un des récits les plus célèbres de la littérature allemande du XIXe siècle, *Le Hêtre au Juif.* Il raconte l'assassinat d'un colporteur juif par un voleur de bois, doux et pensif puis gagné, au fil du temps, par une sourde violence et un orgueil de plus en plus manifeste. Devenu meurtrier, il finira par se pendre lui-même à l'arbre où il pendit sa victime.

Cette courte nouvelle est, comme les contes de Grimm, un récit de l'*Unheimlich,* de ce terrifiant tout proche, à fleur de réalité. Souvent, dans la littérature allemande, la fatalité est au bord des choses, comme si l'imprononçable de l'enfance y avait été conservé intact. C'est une nouvelle saisissante par la description crue des mœurs sauvages et brutales d'un village du fin fond des forêts allemandes. Tous les meurtres futurs y sont déjà présents, comme si, partout à travers tout le pays, on entendait le cliquetis accompagnant la fuite du colporteur juif poursuivi à travers la forêt ; son halètement est la respiration profonde de ce pays. Son ombre projetée m'accompagnait en cette fin d'après-midi, face au soleil déjà bas.

L'Allemagne idyllique et naïve, celle du meunier Michel qui dort, c'était celle des lisières de forêt ou des petites villes. Cette Allemagne-là, encore prise dans une infantilité aussi réelle que factice, et comme endormie, était impensable sans la mort « réparatrice » du Juif, son alter ego, qui lui a fait prendre conscience d'elle-même. Ils formaient un couple indissoluble, et pourtant seule la mort du Juif pouvait donner à l'Allemagne sa « pureté », la ramener à ses ententes profondes, souillées, disaient les hitlériens, par la présence du Juif. On le voit, l'Allemagne d'aujourd'hui, enfin adulte, revient de loin, de très loin. L'histoire contemporaine, hélas, nous montre qu'elle n'est pas la seule nation à avoir été submergée par l'infantile.

De tout temps ainsi, et Heinrich Heine et Nietzsche le virent mieux que personne et le redoutèrent, l'Allemagne était vouée à la catastrophe, aux ténèbres qui s'emparèrent d'elle en 1933. La nouvelle d'Annette von Droste-Hülshoff exprime ainsi la même crainte et fait état de la même ombre que le conte de Grimm, intitulé *Le clair soleil le portera au jour,* qui raconte comment un compagnon tailleur tue pour son argent un Juif qui n'a sur lui que huit sous et qui dit en mourant : *« Le soleil le portera au jour. »* L'assassin se marie, s'installe, a des enfants et un matin de mars tandis qu'il se verse son café dans la tasse, le soleil en reflète les ronds sur le mur et le tailleur se met à dire : *« Le soleil aimerait bien le porter au jour, mais il ne le peut pas — Que veux-tu dire ? »* lui demande sa femme qui, à force de l'interroger et d'insister, finit par apprendre la vérité et la confie sous le sceau de l'absolu secret à sa meilleure amie, si bien que, deux jours après, toute la ville le sait et que le tailleur est jugé et condamné.

Un lourd couvercle recouvrait alors le sentiment de soi en Allemagne, un malaise d'être qui se déversait souvent en ressentiment, en volonté de faire table rase et d'éliminer ce qui ne correspondait pas à l'image qu'on s'était faite du réel. *« Was nicht sein darf, kann nicht sein »*, dit l'adage : Ce qui ne doit pas être ne peut pas être.

C'était aussi le temps de la lecture des écrits politiques de Thomas Mann, après 1924, où il défend la République de Weimar et combat, ensuite, jusqu'en 1945, le nazisme. À cela se rattacha la découverte presque fortuite du texte célèbre, toujours ignoré et prophétique de Heinrich Heine *Sur l'histoire de la religion et de la philosophie en Allemagne* où Heine écrit : *« Le tonnerre allemand est certes lui aussi allemand et il n'est pas très dégourdi et il arrive plutôt lentement, mais il vient et lorsque vous l'entendrez retentir comme jamais rien n'a retenti dans l'histoire du monde, alors sachez-le : le tonnerre allemand aura enfin atteint son but. À ce bruit les aigles tomberont, morts, des airs et les lions dans les déserts iront se réfugier dans leurs royales cavernes. On représentera alors une pièce en Allemagne en comparaison de laquelle la Révolution française n'apparaîtra plus que comme une innocente idylle. »*

Il avait écrit quelques lignes plus haut : *« Des kantiens vont faire leur apparition qui jusque dans le monde du visible ne voudront entendre parler d'aucune piété qui, impitoyablement, fouailleront de l'épée et de la hache le sol de notre vie européenne pour en extirper jusqu'aux dernières racines du passé. »*

À la fin de ce livre Heine dit aux Français de se méfier, de ne pas broncher, de ne surtout pas applaudir au réveil allemand car avec leur manière impolie, les Allemands pourraient bien les renvoyer à leurs chères études. Avec en effet l'épée et le canon, les *« barbares du Nord »*, comme il les appelle dans le premier livre de son *École romantique,* déferlèrent cent ans plus tard, on le sait, sur la France, sous la conduite de ces philosophes qui, habillés comme le dit encore Heine de *« la brillante livrée du pouvoir »*, devinrent des *« philosophes d'État »* passant leur temps à inventer des *« justifications philosophiques pour tous les intérêts de l'État »*.

Il y a toujours quelque part, dans la littérature allemande, ce balancement entre l'idylle et le fracas, entre la Régénération et l'Apocalypse qui finit la plupart du temps en catastrophe et en mises à mort. Ce n'est pas pour rien que Heine invente ses personnages désolés et ironiques, quelque peu cyniques ou désabusés, mais aussi naïfs et généreux, comme le rabbin de Baccharach ou son von Schnabelowski, toujours menacés ou sur le point d'être mis en cause ou persécutés, tels le Joseph K. de Franz Kafka.

Kafka parle du même côté que Heine, il est lui aussi assis du côté des accusés, jamais de celui des dominateurs et des puissants. Kafka part de là où partira après lui Samuel Beckett, de ce pont « inférieur » où se situe aussi Witold Gombrowicz. Kafka « sonnait » tout autrement que ce que je connaissais de la littérature allemande, seuls les Tchèques comme lui, Rilke par exemple, ou les Suisses comme Robert Walser dont je découvris en 1956, *Le Commis,* prenaient leurs personnages à ce niveau où ce qui est particulier devient anonyme, c'est aussi à partir de là, de ce qui est commun à chacun, que part l'écriture de Peter Handke ou de Paul Nizon.

Toute lecture est d'autant plus prégnante qu'elle recèle cet intervalle imperceptible qui compromet les adhésions et les injonctions collectives. Vos communautés ne sont pas les miennes, mais les êtres humains que vous embarquez sont miens. Toute communauté finit tôt ou tard par ériger des bûchers.

Il n'y a de société que laïque, civile et républicaine, la seule qui ne demande pas de justifications, et ce qu'écrit Kafka ne m'a jamais démenti à cet égard, il n'a jamais contraint quiconque à renoncer, à se conformer, à s'incliner, à se subordonner. Kafka est au nombre de ceux, peu nombreux, que le mépris et l'obsession du pouvoir n'effleurent jamais. Sa similitude avec autrui est la raison de son écriture. Il renvoie chaque lecteur à sa « part échappée », à son incommunicable, à partir duquel s'institue toute parole, à cette intimité anonyme qui le prend à la gorge et atteste de lui, tranche toute chose par le travers et laisse tout en place. Ces idées-là me traversaient la tête pendant que le bateau revenait de Merseburg à Constance.

Les « vacances du bon soldat » se terminaient par un second et bref séjour à Tübingen, je me rendis à l'université et assistai à un cours du « Privatissimum », séminaire destiné à des étudiants très avancés où ne pouvaient pénétrer que les rares élus qui en étaient dignes, où enseignait un professeur de grec célèbre dans toute l'Allemagne, un certain Wolfgang Schadewaldt dont j'ignorais alors qu'il avait été le Führer des hellénistes allemands. Il portait beau, arborait une crinière blanche qui se soulevait et retombait au rythme de la traduction de Pindare. Il y avait là cinq ou six étudiants, sûrement de haute volée, il me prit pour un officier du deuxième bureau et fut avec moi d'une courtoisie excessive, voire d'une obséquiosité servile.

En revenant de l'université, avant de redescendre à la caserne, derrière la gare et la Hegelstrasse, je passai par le centre de la petite ville, devant la librairie universitaire. En vitrine, sous une jaquette rouge à lettres noires qui imitaient une calligraphie, je lus : Franz Kafka *Hochzeitsvorbereitungen auf dem Lande,* Préparatifs de noce à la campagne, qui venait de paraître en Allemagne, plus de cinquante ans après la mort de Kafka. Je l'achetai et le libraire ne fut même pas très étonné de voir un militaire français acheter un livre allemand, j'achetai en plus deux autres livres, car je ne manquais pas d'argent de poche. En effet, je revendais mes cigarettes et celles de mes camarades de régiment aux jeunes Allemands qui rôdaient autour de la caserne en quête d'aventures et de profits divers et dont certains, de seize ou dix-huit ans, me troublaient infiniment. Je n'osai cependant nulle proposition, nulle avance, paralysé que j'étais par le scrupule, la crainte et la honte.

Les deux courtes versions des *Préparatifs de noce à la campagne* étaient suivies des six cahiers de notes et fragments qui occupaient les neuf-dixièmes du volume. Je me mis à le feuilleter. La moindre phrase était d'une telle exactitude, coïncidait si parfaitement avec ce qu'elle exprimait que je savais pouvoir y retourner et revivre à chaque fois cet ajointement parfait. Comme *Le Procès, Les Préparatifs de noce* étaient écrits dans cet allemand net, lumineux et précis que savaient écrire les Autrichiens ou les Suisses.

Kafka était celui auquel on pouvait oser lier sa propre condition. Rousseau, Flaubert, Rimbaud ou Artaud étaient incontestables, ils pouvaient brandir leur « identité » à tous vents, ils étaient, comme on dit en allemand, *salonfähig* (capables d'être reçus en salon), fréquentables, de bonne origine. Moi, je ne l'étais pas, resquilleur de vie aux risques d'autrui, profiteur de paysages qui ne m'étaient pas destinés, toujours en porte-à-faux, entre deux eaux, je profitais de chambres, de musées, de monuments ou de compartiments de chemin de fer pour lesquels je n'avais rien fait et que je ne méritais pas, on m'habillait même de vêtements sur lesquels s'étaient échinés de pauvres bougres ou des malheureuses mal payées.

Joseph K., c'était moi. Il se situait à ma façon dans l'espace, son regard était le mien, nul personnage, jamais, ne se plaça à ce point en moi, en mon centre d'existence et les *Fragments* m'y ramenaient toujours. *« J'étais sans défense face à la figure, elle était tranquillement assise à la table et en regardait le plateau ; j'en faisais le tour et me sentais étranglé par elle. Un troisième tournait autour de moi et croyait que je l'étranglais. Un quatrième tournait autour du troisième et se sentait étranglé par lui. Et ainsi de suite jusqu'au mouvement des étoiles et par-delà. Toute chose sent la prise lui serrer le cou. »*

Cet étranglement trouve son issue de ne pas en avoir. Je savais désormais où j'en étais, l'horizon intérieur avait désormais trouvé son cercle. Kafka en avait établi la géographie interne et tracé le champ.

V

Le poing dans la bouche

Quelles que soient les approches et les avancées, la distance ultime est infranchissable. Toute pensée ne se constitue que par son défaut à être elle-même et ne vit que de se manquer. Il y a une proximité qui se dérobe sans cesse et qui ne se contient que de se dérober. C'est là la raison d'être du « philosophique » sauf que la philosophie ne cessait d'affirmer le contraire, à savoir qu'elle finirait bien par y arriver.

On ne trouvait pourtant jamais de textes philosophiques où l'effroi du proche s'exprime avec la force corporelle et ultime de la poésie, ni de poésie où cette distance s'exprime avec suffisamment de netteté – sauf quelques moments, çà et là – pour qu'on puisse être certain que c'était bien de « cela » qu'il s'agissait, de ce tremblement de pensée, de cette distance qui s'éloigne d'elle-même toujours à égale portée.

Rarement cependant, l'exaltation de l'esprit et du corps se confondaient. L'un ne donnait pas de preuves de l'autre : soit le corps – dans l'adolescence – était coupable, soit l'esprit ne donnait que de façon sporadique la confirmation de cet étrange vis-à-vis qu'on portait en soi, qui traversait tous les textes et ne trouvait d'aboutissement nulle part. Kafka : *« L'amour sensuel détrompe de l'amour céleste, tout seul il ne le pourrait pas, mais comme il contient de façon inconsciente l'élément de l'amour céleste, il le peut. »*

Cet état d'exaltation où soudain le « soi » est au comble de lui-même, dans ce que l'ancien langage religieux appelait

« élation », ne trouvait que de subreptices moments de superposition. Or voici que cette coïncidence se trouve d'un coup continûment établie par Kafka.

De lecture en lecture, les rencontres n'ont pas cessé, mais par courtes sidérations, parfois d'une violence extrême, brèves cependant, sans la durée de la rencontre avec Kafka.

Tout se passe, à la lecture de Kafka, comme si on participait de sa façon de se tenir en lui, comme si on pouvait localiser, tout à coup, sa suffocation propre, comme si on avait, soudain, la définition de ce qui n'a pas d'objet. Par Kafka, on sait d'un savoir creux mais certain, une forme qu'on a en soi-même, donnée telle quelle, dans un prodigieux ajointement d'écriture, au point que cette écriture s'absorbe dans l'ajustement à ce qu'elle dit : *« Ce n'est pas ici qu'il en sera décidé, mais la force d'en décider ne peut être éprouvée qu'ici »*, écrit Kafka dans un fragment (3e cahier in 8°), ou encore un peu plus loin : *« Celui qui veut se suicider est le prisonnier qui voit dresser une potence dans la cour de la prison, croit par erreur qu'elle lui est destinée, force en pleine nuit sa cellule et va se pendre. »* Ce qui a lieu est absorbé par le fait d'avoir lieu. Je suis l'obstacle sur mon propre chemin. Il n'y a pas d'issue. *« Les chiens de chasse jouent encore dans la cour, mais il a beau courir déjà à travers les forêts, le gibier ne leur échappera pas »*, écrit encore Kafka.

Dans le même volume, ce furent les *Considérations sur le péché, la souffrance et la voie véritable* qui firent revivre les commotions ressenties à lire les *Pensées* de Pascal. Tout se passe toujours entre deux termes que rien ne peut dissocier et qui s'excluent l'un l'autre : il n'y a rien d'autre à dire que ce qui est ainsi *figuré* et qui ne peut se *figurer* autrement. La langue de Kafka est, en effet, si précise, si irréfutable, qu'il n'y a aucun autre tracé possible, à moins de dire autre chose. *« Comme un chemin en automne, à peine est-il balayé qu'il se couvre à nouveau de feuilles sèches »*, ou encore : *« Tu es le devoir, aucun élève nulle part. »* L'arc du sens ne se laisse pas tracer autrement qu'il ne l'est. Il n'y a rien d'autre à dire, le « sens » est renvoyé à lui-même, aucune sortie ne lui est accordée.

Peut-être cette infranchissabilité est-elle si nette du fait de la condition de Kafka. Cette façon de se ressentir s'inscrit d'emblée chez qui a, ne fût-ce qu'une fois, été désigné comme « Juif » sous la menace de l'illégitimité. Vivre n'est pour eux nullement une évidence, mais un étonnement, une aventure quotidiens au-dessus de l'interdit originel. Peut-être Kafka, au départ, procède-t-il tout entier de cet interdit premier : tu ne dois pas être. Le Juif est celui qui se sait sursitaire, d'une manière ou d'une autre, il sait que sa vie n'est pas, comme celle des autres, une « évidence ». À tout moment, quelque part, on s'en prend à quelqu'un d'être né juif. Le « Juif » n'existe que sur ce fond de mort sur lequel se fait le resserrement, la concentration de l'existence qui ne se répand pas, mais se réduit à un point de perception d'une netteté rigoureuse.

On peut se demander s'il n'y a pas chez Kafka cette extraordinaire netteté de la langue, du fait même de cette réduction. L'adéquation est si grande qu'on ne lit pas les mots, mais la courbe de sens qu'ils établissent.

Kafka atteint ce que la philosophie manque, comme s'il en avait inversé le propos et l'avait prise à contresens. Kafka a trouvé hors d'elle ce qui était propre à la philosophie.

Or le philosophique – c'est-à-dire ce qui fait qu'on reconnaît la philosophie comme telle – est fait de cette tension-vers insoluble et irréductible à la fois. Et elle, la philosophie, ne vise qu'à abolir, à combler cette distance, sinon elle ne parlerait pas tant, mais elle ne parvient pas à saisir son objet puisque celui-ci est de ne pas avoir de substance. C'est pourquoi son histoire est son perpétuel recommencement. C'est bien un philosophe qui, dans *La Toupie,* un récit que Kafka écrivit en 1920, tente en vain de capter le mouvement de la toupie qui tourne. À chaque fois, sous les rires des enfants, lorsqu'enfin il attrape la toupie, il ne tient plus qu'un *« stupide morceau de bois »* dans la main et a envie de vomir *(es wurde ihm schlecht)*.

Kafka dit l'un et l'autre, ses textes racontent ce que poursuit la philosophie. Ses récits se déroulent selon la courbe même du philosophique, ils le figurent, le mettent en scène mais sans jamais se confondre avec lui, sans jamais parler à la place de la philosophie qui, justement, ne peut pas parler ainsi puisque toujours limitée à elle-même, elle est sans issue et ne peut le voir, c'est bien pourquoi elle est philosophie.

À la même époque, il m'est plusieurs fois arrivé d'aller assister à des procès, à la XVIIe Chambre correctionnelle, la plus facilement accessible depuis le boulevard du Palais. Dans ce grand ameublement sombre, on avait derrière soi la porte à double battant, avec ses deux gros yeux de verre et à gauche, en pleine lumière, l'accusé derrière son banc. C'étaient toujours les mêmes personnages froissés, minables, un peu râpés. Ils avaient eu beau se mettre sur leur trente-et-un, on n'en voyait pas moins, jusque dans le moindre détail et jusqu'à leur coupe de cheveux et naturellement à leur façon de tenir leurs mains, à leur voix, qu'ils avaient longuement préparée et qui n'en ratait pas moins ses intonations, qu'ils étaient des accusés. Ils l'étaient entièrement devenus et leurs vêtements mêmes en avaient pris un pli, une forme particulière. Quand on avait assisté, deux ou trois matinées durant, à ce défilé de petites affaires qui duraient rarement plus d'un quart d'heure, on savait immédiatement, on humait presque ce que tous les accusés avaient en commun, on aurait pu les reconnaître dans la rue. Ils étaient imperceptiblement différents, plus tassés, leurs gestes étaient un tout petit peu décalés, comme médités ou ralentis ; ces inculpés devenaient inoubliables, leurs visages restaient inscrits dans la mémoire.

Leni, la petite bonne de l'avocat que Joseph K. va, au VIIe chapitre du *Procès,* consulter en compagnie de son oncle le dit bien, les accusés sont beaux : *« Quand on a le coup d'œil, on trouve souvent les accusés vraiment beaux. C'est un phénomène curieux, presque de l'ordre des sciences naturelles. Naturellement, l'accusation n'entraîne pas de modification précise, exactement décelable, de l'apparence extérieure. Mais on ne peut pas non plus comparer [ces procès] à d'autres affaires judiciaires, en effet, la plupart des gens continuent à vivre comme avant et ne sont pas gênés par le procès s'ils ont un avocat qui s'occupe d'eux. Et pourtant les gens qui ont l'expérience en ce domaine seront capables de reconnaître, un à un, les accusés dans la foule la plus grande. À quoi ? allez-vous demander. Ma réponse ne vous satisfera pas. Simplement, les plus beaux, ce sont les accusés. »*

L'accusation devient leur matière intime, elle s'est peu à peu infiltrée dans toutes les cellules de leurs corps. Regarder un accusé c'est, qu'on le veuille ou non, basculer en lui, le sentir être, en ressentir la similitude. Cette condition d'accusé met au jour, chez les autres, une culpabilité indéterminée, à la fois certaine et inconnue, une culpabilité secrètement souveraine. Tout accusé est coupable de son accusation, elle reste ineffaçable, elle l'institue ; telle la honte, elle est fondatrice du « soi ». Elle est d'autant plus certaine qu'il y a innocence, c'est bien ce qui fait être coupable plus radicalement encore que si on l'était vraiment, car être vraiment coupable débarrasse de la faute sur la faute, or K. ne peut pas s'en débarrasser puisque sa faute, c'est lui.

Joseph K. n'a rien fait de mal, mais il est désormais « inculpé », le procès ne le lâchera plus, il sera présent en lui, à tous les instants, comme une nouvelle matière d'être, comme un goût de soi, il accompagne toutes ses actions, il pèse en lui. Les accusés sont rendus beaux et reconnaissables par leur inculpation même, on la voit sur eux tels qu'ils sont, c'est cela leur « faute », simplement ils *sont*. Ils exhalent leur accusation, comme jadis les enfants punis. Les enfants punis se distinguaient aussitôt des autres par un imperceptible ralentissement des gestes, par un consentement silencieux.

Dans le regard se lisait une fixité particulière comme orientée sur un point, par-delà l'horizon. Ceux qui attendaient la punition avaient un regard profond, un autre port de tête que ceux qui avaient « reçu », mais tous avaient en commun une même complicité, un même savoir.

Pour Joseph K. l'accusation fait à tel point partie de lui-même qu'il en devient l'instrument, il la devance et la dispose devant lui un peu comme le Juif est juif du fait qu'il est contraint d'être juif, même s'il ne l'est pas et ignore tout de ses origines, seulement parce qu'il est lui. Tôt ou tard un tribunal le lui rappellera. Tôt ou tard il sera confronté à lui-même. Ainsi, au premier chapitre, au moment de son arrestation par exemple, Joseph K. tente de s'arracher à des gardiens qui ne le tiennent même pas et le laissent entièrement libre. Par sa seule présence il fait obstacle au fonctionnement du tribunal et son procès *est* cela. Ce procès est de le perdre. Ce château est de ne pas l'atteindre.

K. dans *Le Château* ne voit les aides que lorsqu'ils lui sont inutiles et les employés du château, comme la servante ou Barnabas le messager n'apparaissent que lorsqu'ils manquent ce qu'ils font. Rien n'existe en dehors de lui ou mieux, tout se manifeste selon sa présence, il est inséparable de ce qu'il voit, tout ce qui est hors de sa présence lui est insaisissable. Je ne suis que là où je suis, il n'y a pas d'ailleurs. En pleine littérature on est ramené de la littérature au philosophique, tel que le posent Kant ou Wittgenstein : Je ne sais rien de l'arbre derrière moi !

L'extraordinaire trame toute simple du *Procès* va de manque en manque. On avise K. qu'une enquête va avoir lieu, concernant son affaire, le dimanche suivant, on ne lui fixe pas d'heure, pourtant il se met à courir pour surtout arriver à neuf heures, bien qu'il n'ait été convoqué pour aucune heure précise et il arrive une heure trop tard. Il choisit, dans l'immeuble indiqué, l'étage au hasard, mais le tribunal est bien là où il va. Le tribunal est là où il entre presque par hasard, le procès ne le concerne pas, mais c'est le sien, tout va de travers, tout est intempestif, tout moment est impropre et tout est vide ou se fige dès qu'il est là, et se remplit et s'anime dès qu'il est parti. Tout s'enchaîne et se défait en même temps. Au fur et à mesure, le tribunal invisible s'institue tel que Joseph K. le voit se dérober, ce tribunal est ce que K. voit se dérober.

Il étouffe dans les bureaux vides et ne parvient pas à s'en aller. Tout, à tout instant, reste sur le bord, rien ne se fait. Le récit est fait d'une succession de retombées, de vides, de manques auxquels Joseph K. se laisse à chaque instant prendre, puisqu'ils ne sont et des vides et des manques que pour lui seul. *« D'abord il veut s'en aller, ensuite on a beau le lui dire cent fois que la sortie est là, il ne bouge pas. »* Tout se déclenche et tombe dans le vide de ce déclenchement même. K. est l'objet d'une appréhension intérieure qui ne se relâche pas, elle est un point central qui, à partir du premier instant symbolique, oriente et centre tout et que toute chose contient. *« La pensée du procès ne le quittait plus »*, écrit Kafka au commencement du chapitre VII. Mais c'est, dès le début du livre, dès la première phrase que s'installe ce qui désormais va le tarauder : sa culpabilité d'être. Le coupable c'est lui, il l'est de part en part, coupable d'être coupable, il est le corps coupable.

Joseph K. est coupable d'être son corps, il l'est au point que le chapitre V intitulé « Le Fouetteur » occupe le milieu du livre et ceci quelle que soit la disposition des chapitres, puisqu'on sait aujourd'hui que l'ancien chapitre IV « L'amie de mademoiselle Bürstner » est en réalité le chapitre II.

Il a été fort peu parlé de ce chapitre V. Les commentateurs de Kafka qui se sont succédé et qui ont si souvent eu sur Kafka des intuitions fortes ont presque toujours fait silence sur ce chapitre, comme s'il avait pu les entraîner à des aveux qui les auraient précisément trop approchés de ce « foyer incandescent » qui brûle derrière ce qui est écrit, comme il brûle chez Swinburne ou dans *L'Apprenti sorcier* de François Augiéras, et brûle aussi, et joyeusement, dans *Sœur Monika* de E.T.A. Hoffmann, l'un des rares classiques érotiques de la littérature de langue allemande.

La source, chez Kafka, est noire – celle de l'inavouable, celle du plus intime de l'imaginaire, celle qui dès l'enfance accompagne le rituel secret car l'innocence n'a pas de langage, seule la faute parle et tout le sens du langage est là : *« écouter les mots trahir »* (Jean-Claude Brisville). La faute n'est pas celle qui fut commise et la punition ne répare jamais la faute, elle établit une innocence nouvelle : la suffocation et le renversement par la douleur. L'enfant le sait, rien, rien jamais ne rendra compte de son impossibilité de parler, d'emblée il est par-delà, à jamais glorieux parce que coupable de cette volupté suprême, celle que l'adolescent se donne à lui-même. Il est livré à cette imagerie intime que, de jour en jour, il perfectionne, développe, raffine et qui le conduit au centre de ces textes de la littérature qu'il reconnaîtra aussitôt. Surpris, l'adolescent interne est condamné, dénudé, maintenu fermement, il ne se rend pourtant pas, pleure mais ne cède pas et apprend, s'enseigne à lui-même sa propre persévérance à exister par-dessous, en dépit de tout, avant de s'adonner après, à l'ivresse de lui-même, à celle qu'il découvre, prodiguée, comme les flots de la mer. Et il faudra bien *« la brûlure du fouet pour effacer la souillure »* comme l'écrit Louis-René des Forêts dans *Ostinato.*

C'est bien pourquoi aussi il n'y a rien, dès que la porte est refermée. Or, passant un soir à la sortie de son bureau, devant la porte d'un débarras, Joseph K. croit entendre gémir et découvre en ouvrant la porte du débarras, dans la pièce encombrée de vieux dossiers et d'encriers vides, trois hommes dont l'un *« dominait les autres et attirait d'abord le regard »* car il *« était gainé d'une sorte de vêtement de cuir sombre qui laissait le cou jusqu'au milieu de la poitrine et les bras entièrement nus »*. Or les deux autres, ce sont les deux gardiens, Franz et Willem, qui étaient venus arrêter Joseph K., lequel s'est ensuite plaint d'eux auprès du tribunal parce qu'ils lui ont mangé son petit déjeuner. Ils doivent, pour cette raison, se mettre entièrement nus *(ganz nackt)*, Kafka est ici d'une singulière précision : « *Le fouet peut-il faire mal à ce point, demanda K. en examinant la verge que le Fouetteur brandissait devant lui.*

— C'est qu'il faut que nous nous mettions tout nus fit Willem

— Ah, bon ! dit K. en regardant le Fouetteur avec attention ; il était bronzé comme un matelot et avait un visage sauvage et frais.

— Il n'y a pas moyen de leur éviter cette fessée à ces deux-là, demanda-t-il.

— Non, fit le Fouetteur et il secoua la tête en souriant.

— Déshabillez-vous, ordonna-t-il aux gardiens. »

À la lecture de ces pages, c'est à peine si on ose continuer, à s'en retourner pour voir si personne ne vous voit lire. C'est l'adolescence, la crainte d'être surpris, livré à l'infamie de la solitude. Le livre ouvert sur la table pourrait tout révéler. Alors on aurait tout su. On en aurait fait part à ma bienfaitrice qui finançait mes études en Sorbonne. Je me figurais devant elle, bras ballants, peut-être obligé de confesser l'ignominie, « *les sottes rêveries* » qui me tenaient, faites d'enfance, de grandes prairies en montagne, de tempêtes qui courbent les lisières de bois lointains dans la lumière de fin d'après-midi. Tout autour, le froissement des branches et le regard exercé qui cherche le coudrier le plus cinglant. Je me voyais comme dans l'adolescence, livré à la punition, grimpant badines en main, à la rencontre de ce qui m'attendait, mais désormais irréductible à toute obligation, à toute appartenance.

La découverte se fit ainsi dans une intensité croissante, de jour en jour plus précise et que les récits de Kafka cristallisèrent. Comme l'écrit encore Louis René des Forêts : « *Tout ce qu'on entend d'en haut fustiger à voix déclamatoire et qui est appelé passion mauvaise, il faut la brusque chaleur du sang, le frisson dans les reins, la transe merveilleuse pour en révéler aux enfants le sens obscur et les ouvrir tout fiers à sa beauté séduisante.* »

Le fouetteur tient une verge, *eine Rute* et non pas *einen Stock*, un bâton. *Die Rute,* c'est la verge de bouleau, faite de cinq ou six branches, avec des rameaux très fins. Le puni doit aller cueillir ces verges et les préparer lui-même, les choisir souples et cinglantes et les réunir, avec d'autant plus de soin qu'elles lui sont destinées. Il doit ensuite les lier d'un ruban et les présenter à sa correctrice qui en général – il en était ainsi dans tout internat bien tenu –, les refusait deux ou trois fois de suite pour n'en rendre l'attente que plus angoissante et la punition plus sévère, comme nous le rappelle aussi l'écrivain suédois Jan Guillou dans *La Fabrique de violence.* Les verges, du fait de la finesse des rameaux, ne peuvent être infligées que sur la peau nue, et le Fouetteur de Kafka n'applique pas le châtiment sur les épaules ou le dos, comme il était encore d'usage pour les délinquants adultes au début du xxe siècle, mais sur les fesses. Willem défait déjà la ceinture de son pantalon, il se défend vaguement, il est gros et a déjà été fouetté – « *gras, les premiers coups de fouet vont se perdre dans la graisse* » – le Fouetteur lui passe « *le fouet sur le cou de manière telle qu'il en tressaille* ».

Franz hésite, Joseph K. intervient pour eux, et tous deux se défendent, protestent et reçoivent un coup de fouet sur les épaules. « *Franz tarde encore mais n'échappe pas au fouet qui va le trouver jusque par terre et, pendant qu'il se tord sous les coups, le fouet ne cesse de s'élever et de s'abaisser.* »

Elle est pour le moins troublante l'insistance de Kafka, sur plusieurs pages. Comment comprendre ? L'adolescent chrétien passionné et honteux qu'on fut – honteux à la fois de ses origines et de ses étranges plaisirs – ne peut qu'être complice d'un pareil spectacle. C'est par là que la faute se rétablit, trouble et inavouable : la volupté est dans la punition. Les signes s'inversent et défient l'ordre des choses. Tout comme pour Joseph K., la porte une fois refermée, l'image n'est plus nulle part, si ce n'est dans l'esprit du lecteur.

Plus grave encore : on finissait par faire du châtiment le contenu même des rêves de jour. Aller soi-même préparer les instruments de sa propre punition devenait comme une transfiguration, un retournement de soi. Le puni pouvait à sa guise avancer ou retarder le moment de la punition, puisque c'était lui-même qui était chargé d'en préparer les instruments ; il pouvait aller plus ou moins vite à la rencontre de l'inéluctable. Nulle situation ne fut ensuite vécue avec une intensité plus grande que la honte de la nudité et la cuisante et désirable douleur du fouet.

On était coupable, on méritait d'être corrigé, et se délecter de la correction rendait plus coupable encore dans la honte adressée au monde, comme un défi enfantin de la « volupté » qu'on se donnait après, se figurant à nouveau, livré au fouet. Était-ce cela la honte qui allait survivre à K. à la fin du *Procès* puisque telle en est la dernière phrase : *« C'était comme si la honte devait lui survivre » ?*

Or la honte, la nudité et la souffrance sont partout présentes chez Kafka comme dans *La Colonie pénitentiair*e où le condamné doit être exécuté par gravure du jugement sur la peau, Kafka précise : *« Sur ce coton on couche le condamné à plat ventre, nu naturellement.* » Plus loin, on lui tranche au couteau pantalon et chemise *« de sorte qu'ils tombèrent de chaque côté du condamné ; il voulut rattraper ses vêtements pour couvrir sa nudité, mais le soldat le souleva en l'air et fit tomber de lui les derniers lambeaux »*. La nudité devient le lieu même de l'inaccessible : vous voyez au plus près, dehors, ce que je suis supposé être dedans, mais si tout se montre, rien ne se révèle ; me voir vous prouve, mais ne dit rien de personne. C'est là où je suis le plus exposé que je suis le plus secret, ma nudité me borde, c'est là que je commence et que tout se cache.

Dans une lettre à Milena, Kafka écrit : « *Pour que tu voies un peu à quoi je m'occupe, je te joins un dessin, il y a quatre poteaux, à travers ceux du milieu on glisse des barres auxquelles on fixe les mains du délinquant, on met les pieds sur deux barres extérieures. Quand l'homme est ainsi fixé, on écarte lentement les barres jusqu'à ce que l'homme se déchire par le milieu. L'inventeur est appuyé au pilier et, jambes croisées, il fait l'intéressant, comme si c'était là une invention originale, alors qu'il n'a fait que regarder le boucher qui suspend le porc évidé devant sa boutique.* »

Kafka (lettre du 28 juillet 1916) envisageait de regrouper *Le Verdict, La Métamorphose* et *La Colonie pénitentiaire* sous le titre *Punitions,* comme si la punition faisait partie du corps, suprême signe de reconnaissance, de secrète et incommunicable sainteté. Un an plus tard, le 3 août 1917, il note dans son *Journal* : « *Une fois encore de toute la force de ma poitrine, je poussai un cri à l'adresse du vaste monde, puis on m'enfonça le bâillon, on me lia les mains et les pieds et me noua un chiffon sur les yeux. On me roula dans un sens puis dans l'autre, on m'assit puis on me recoucha, à plusieurs reprises, on tira par à-coups sur mes jambes, à m'en faire m'arc-bouter de douleur, un instant on me laissa tranquille puis on me donna des coups profondément avec quelque chose de pointu, çà et là, où je ne m'y attendais pas, comme cela se trouvait.* »

Le corps nu est objet d'autrui, il n'est que pure subission, passivité au comble de l'être-soi. C'est ainsi que se confirme l'essentielle découverte : je ne suis pas ce que vous faites de moi, ce que vous faites de moi ne fait que me confirmer que je ne suis pas ce que vous voulez que je sois. Plus vous vous en prenez à moi, plus je vous échappe. Telle est la feinte dernière de la soumission, la souveraineté du mensonge.

Au centre de l'image, il y a le supplicié comme s'il était le détenteur dernier de l'absolument inconnu, de l'absolument proche, c'est vers lui que va le regard, comme s'il allait derrière la porte du débarras, sur ce qu'il ne devrait pas voir : l'indicible de la souffrance que ressent seul le supplicié comme un comble d'inexprimable.

Or, l'enfant puni est lui aussi jeté au centre de l'inexprimable, il n'a que le cri pour lui et on lui interdit de crier sous le fouet, chaque cri aggrave la punition. Après, tout comme le tribunal reconnaît l'accusé, on reconnaît le puni à cette étrange lumière noire et dense qui émane de lui, à la profondeur du regard, on respire ce que jadis on appelait « l'odeur du fouet » et qu'on sentait réellement, cet *« arôme de la souffrance »* qui fait palpiter les narines de la sœur du jeune Francis quand son père le punit, comme Swinburne le raconte dans une annexe à sa *Lesbia Brandon.*

Et voici chez Kafka la même mystérieuse soumission, le même consentement, la même fascination, à la fois familière et étrange – *unheimlich* dirait ici l'allemand. L'imaginaire de Kafka vient ici corroborer, conforter celui de Rousseau et de la vie d'internat où la punition était un recours inversé, un tracé du soi, établi par les autres. La punition délimitait le corps, en établissait les contours, en présence des autres le faisait voir tel quel, fesses nues, comme il se comportait au naturel sous la souffrance et dans la honte, en larmes.

Kafka encore dans *Les Préparatifs de noce à la campagne* : *« J'étais étendu au pied d'un mur, je me tordais de douleur. J'aurais voulu m'enfouir dans le sol humide. Le chasseur se tenait près de moi appuyant légèrement du pied sur mon échine, "une pièce splendide" dit-il au rabatteur qui me tranchait col et habit pour me tâter. Déjà lassés de moi, les chiens assoiffés d'actions nouvelles se précipitaient à l'aveuglette contre le mur ; la voiture arrivait ; pieds et poings liés je fus jeté à côté du maître sur le siège arrière, de sorte que ma tête et mes bras pendaient hors de la voiture. On roulait à vive allure ; assoiffé, bouche ouverte, j'aspirais les tourbillons de poussière, de temps à autre je sentais le maître m'empoigner joyeusement les mollets. »*

On n'est plus que sa propre constatation, objet à la fois au comble de la soumission et de la conscience – suraiguë, ceinturée, compressée, resserrée, elle se contient et déborde en une pointe irrécupérable, souveraine et triomphante. Tout se passe comme si on ne s'apprenait que dans la constriction.

Le personnage qui subit, c'est le lecteur lui-même, ramené à sa vérité intime, tel le condamné de *La Colonie pénitentiaire* qui *« avait à ce point l'air d'un chien résigné qu'on aurait pu le laisser courir librement sur les pentes et il aurait suffi de siffler tout simplement le début de l'exécution pour qu'il revienne »*, tout comme l'adolescent puni qui, déculotté, se prête, « se met en position », de son plein gré, comme le jeune Herbert Seyton, âgé de treize ans que, dans *Lesbia Brandon* de Swinburne, son précepteur va corriger, cette fois avec une exceptionnelle sévérité pour une faute qu'il n'a pas commise, et qui ainsi, sous le fouet, s'éprouve jusqu'au point extrême de son être, à travers ce que Swinburne nomme sa *shameful nacked submission.*

Il lui avait été défendu de se baigner en mer, à cause de la tempête, or Herbert plonge dans l'eau pour sauver un enfant qui se noie, mais ne le dit pas. À table, ensuite, l'un des commensaux, à qui Herbert dut confesser qu'il fut fort vivement fouetté à nu le matin même, dit au précepteur : *« Je devine qu'il a été bien fouetté, aussi facilement que si je le voyais en train de nager ou que s'il avait reçu des coups de fouet sur le visage ou les mains… »* C'est que ses mains sont coupables. Il y a réduction au plus intime, l'enfant est dépouillé de tout signe qui lui fut propre, il n'est plus que corps, il est informulable, c'est le point exact où il échappe au langage et établit aussi son inaccessible souveraineté.

Cette souveraineté, c'est le sentiment de l'existence, le « sentiment du corps ». Il se manifeste par cette douleur dans la poitrine que Goethe, déjà, décrivait dans *Werther* : ce poids collé au milieu du plexus et qu'on trimballe avec soi, comme les chiens leur collier. Le ressenti de l'existence c'est le corps, et le corps seul en est le signe. Tout passe par lui et le symbolique en premier. C'est le corps que l'on marque et supplicie, c'est le corps qui est coupable, c'est par le corps que passe la honte. Ce n'est pas pour rien que le corps puni, ceinturé, traîné, gravé de sentences soit à ce point le centre de ce qu'écrit Kafka.

Le corps est le lieu de l'expérience ultime et l'obsession du supplice chez Kafka est la marque de ce lieu ultime. L'enfant est fasciné par les supplices, comme si le supplicié était l'emblème de l'humain. Le supplicié vit, au comble de la souffrance et de l'horreur, l'indicible ; personne jamais ne pourra se figurer ce qu'il subit, c'est comme s'il était destiné à représenter inversé, en négatif, l'extrême de l'humain. Le spectacle du supplicié est celui de l'intimité révulsée, retournée, comme s'il était la figure humaine en soi, sa supplication.

Le corps est le lieu où se fait l'expérience de cette intersection des impossibles, honte et souffrance. Dans une lettre du 31 avril 1913 à Max Brod, Kafka écrit : *« Des visions comme celle-ci ! Je me trouve allongé sur le sol et suis découpé en tranches comme un rôti et je pousse cette pièce de viande vers un chien dans un coin. »*

Il y a « prise de corps » et toujours quelqu'un pris de corps, que ce soit Gregor Samsa, le personnage de *La Métamorphose*, que ce soit Karl Rossmann dans *L'Amérique,* que ce soient le chasseur Gracchus, Joséphine, la Chanteuse ou tant d'autres, toujours quelqu'un occupe le centre du récit, quelqu'un qui n'est pour ainsi dire jamais décrit puisqu'on est soi-même, lecteur, ce quelqu'un. On est soi-même l'animal du *Terrier* entouré de toutes parts de dangers qui n'existent que par rapport à lui.

C'est pourquoi vouloir figurer Joseph K., le personnage du *Procès* ou Gregor Samsa de *La Métamorphose* ou K. dans *Le Château,* c'est s'exposer à un contresens puisque c'est le lecteur qui est chacun de ces personnages et qu'il ne peut se voir de l'intérieur de lui-même. Ce qu'on voit dans la glace n'est jamais que sa propre image, mais ce n'est pas soi tel qu'on s'éprouve, comme chacun, sans mots, sans contours, sans images, par ce point au milieu de soi-même. Comme K. le lecteur est le centre de l'histoire, c'est de lui que part cette distance toujours à égale portée, jamais formulée en elle-même, dans le vide d'une affirmation philosophique, mais vécue, éprouvée, rendue visible dans sa mise en espace. Elle n'a pas de figuration autre qu'elle-même, ce qui est raconté est ce qui est raconté et rien d'autre.

Le but que je poursuis reste à égale distance (K. a beau se rapprocher du château, il reste à égale distance). Cette poursuite est elle-même le but : *weg von hier, das ist mein Ziel,* partir d'ici tel est mon but, dit un autre personnage de Kafka : je suis le parcours qui s'absorbe dans sa distance.

En 1922, Kafka note dans son *Journal* : « *La chasse me traverse et me déchire. Ou bien je peux – je peux ? – me maintenir debout, ne fût-ce que pour la part la plus minime, et alors je me laisse emporter par la chasse. Où cela va-t'il m'emporter ? "Chasse", ce n'est qu'une image, je peux dire aussi "assaut contre l'ultime limite terrestre", à savoir l'assaut d'en bas, à partir des humains, et comme ce n'est qu'une image aussi, je peux la remplacer par l'assaut d'en haut vers moi, en bas. La littérature entière est assaut contre la frontière* » mais cette frontière est justement infranchissable – d'où littérature. La littérature, tout comme le langage, cache d'emblée ce dont elle provient, tout comme je suis moi-même la frontière contre laquelle je me jette. Mon corps est à la fois lui-même et sa limite : la peau.

La punition inclut toujours le corps, elle en est l'emblème, elle le marque, le rend inconfondable, le prouve, comme la honte – honte et punition vont de pair –, le retrousse sur lui-même en une ironie ultime. Dans les *Considérations sur le péché, la souffrance et la voie véritable,* Kafka écrit : « *Il mange les restes de sa propre table, ainsi un certain temps, il est plus rassasié que tout le monde mais désapprend à manger à table et, du coup, il n'y a plus de restes qui tombent.* »

« On ne part pas », disait déjà Rimbaud, tout est pris dans ses propres limites, nul ne sautera par-dessus son ombre. De même, ce que je dis est inclus dans ce que je dis. *« J'agis en toute certitude, mais cette certitude est la mienne propre »* écrit Ludwig Wittgenstein *(Sur la certitude)*. Je ne peux me franchir, c'est un ressenti physique que la pensée exprime et c'est ce ressenti physique qui traduit la pensée. Chacun est le ressenti du corps de l'intérieur de lui-même, indépendamment de sa forme, Gregor Samsa n'a pas changé d'appréhension de lui-même en se retrouvant soudain scarabée, et s'il devait y avoir changement, ce serait encore à l'intérieur de lui-même. Il y a ce savoir de moi enfermé en moi dont je ne peux faire part à personne et dont personne ne peut faire part. C'est par là que la littérature commence, comme le montre l'admirable *Anton Reiser* de Karl Philipp Moritz, un livre comme il n'en existe nul autre, qui, à la fin du XVIIIe siècle, figure l'isolement de la conscience de soi dans une figure d'enfant opprimé et en proie au désir de connaissance, une figure à la fois misérable, souveraine et grandiose. Ce livre existe en français dans une splendide traduction de Georges Pauline.

Je suis ma propre inappropriation, c'est ce qui me fait exister : *« [...] après de mauvaises nuits, bouche ouverte, je sens mon corps souillé et puni comme une cochonnerie inconnue dans mon lit »*, écrit Kafka à Max Brod en juillet 1916.

C'est du corps qu'est coupable le « mauvais enfant », il est ce qu'il ne doit pas faire savoir, ce que nul ne saura jamais de lui, l'incernable, le lecteur.

En l'occurrence, il s'agit d'un lecteur, parmi d'autres, sur qui pèse l'interdiction d'être, et qui s'obstine et persévère malgré l'interdiction qui lui en fut faite. Enfant chrétien, éduqué dans la foi des Évangiles, il fut interdit d'être puisque ses ancêtres remontaient jusqu'au temps des Prophètes. (L'insistance est voulue.) Cette interdiction d'être, elle a beau ne pas vous concerner, on la porte en soi comme une justification retournée, comme une provocation permanente, au point que la punition vous institue et vous brandit, telle une enseigne promenée au-dessus des toits, nudité exposée à tous vents, dans la délectation de la honte découverte à la fois dans le défi d'être et dans l'indémontrable identité, coïncidence avec ce qui n'existe que retroussé, dans l'envers.

Or, l'ivresse d'être, ce subtil et invisible défi, à la fois irréductible et sans issue, cet interstice dans lequel s'est glissé celui à qui fut fait défense d'être est peut-être aussi la raison de l'écriture de Kafka.

Tous les textes de Kafka se disposent autour de cette unique présence vide. Tout récit de Kafka établit sa propre impossibilité et s'énonce avec elle, par elle : ces récits racontent ce qui les entrave et par quoi ils apparaissent. Ainsi de *Chacals et Arabes,* où les chacals donnent le même ciseau rouillé à tout Européen de passage, toujours le premier au dire des chacals, et que l'Arabe intercepte à chaque fois : *« ces animaux sont animés d'un espoir insensé »,* dit-il à l'Européen.

L'un des premiers et fort beaux livres écrits en France sur Kafka par Robert Rochefort porte pour titre *Kafka ou l'irréductible espoir.* Cette irréductibilité n'est rien, mais elle est irréductible.

VI

Kafka

Tout est sur le bord et manque à chaque instant de basculer autour du centre muet de l'existence de chacun, dans un puits sans fond dont les parois sont le monde. Tous les écrits n'ont peut-être jamais cessé de tenter de capter l'insaisissable, l'irréductibilité de la personne à la chose que Paul Valéry avait vue chez Goethe et qui alimente le fond de toute écriture et le sauve de l'idée des fins dernières. *« Tout se ramasse en un point unique dont nous sentons qu'on pourrait se rapprocher de plus en plus quoiqu'il faille désespérer d'y atteindre.*

En ce point est quelque chose de simple, d'infiniment simple, de si extraordinairement simple que le philosophe n'a jamais réussi à le dire. Et c'est pourquoi il a parlé toute sa vie » écrit Bergson dans *La Pensée et le mouvant,* comme s'il parlait de Kafka. Tout se passe comme si Kafka avait su d'emblée que l'atteinte était hors de portée, que les contenus de pensée s'effaçaient au fur et à mesure, qu'il n'y avait pas d'issue.

« Avoir un tel procès, c'est déjà l'avoir perdu » dit l'oncle de Joseph K. au sixième chapitre du *Procès* qui n'est que l'histoire plausible et possible de chacun. Joseph K. n'est personne car moi, le lecteur, je suis lui, tout comme K. dans *Le Château* devient le sujet muet par lequel le franchissement s'annule puisque, à chaque fois, c'est sa présence qui en abolit l'accès. Dans les aphorismes de la série intitulée « Il »,

Kafka écrit : « *Il a le sentiment qu'il se barre le chemin du fait qu'il vit. De cet obstacle il tire en revanche la preuve qu'il vit.* »

Rarement, semble-t-il, on a exprimé avec une telle acuité, une telle précision, cet écoulement intérieur que Bergson nomme « durée ». D'emblée aussi, Kafka formule en termes simples et en le rendant visible, ce que les philosophes, comme le dit Bergson, ont poursuivi leur vie entière. Kafka met le propos de la philosophie à nu, il y a chez lui une coïncidence rigoureuse entre la formulation et ce qu'elle veut dire, or ce qu'elle veut dire, c'est ce qui lui échappe, c'est son « objet ». Il y a toujours l'en-avant, ce qui devance la parole, ce dont elle est issue et qui la tire.

Tous les « écrivains » ont toujours poursuivi quelque chose qui leur échappait et dont « l'échappement » était la matière même de leur écriture, telle que sa forme visible l'exprime, il suffit de penser à l'extraordinaire effort de Flaubert.

La fable de Kafka, elle, cristallise le geste d'avant le dire, qui, sur le point de se faire, reste dans son infranchissable énoncé, c'est l'expérience extrême du langage avant qu'il ne bascule sur le vide. Un « romantique » allemand, français d'origine et qui fut directeur du Jardin botanique de Berlin, de 1835 à sa mort, en 1838, Adalbert von Chamisso, l'auteur du célèbre *Peter Schlemihl,* l'homme qui vendit son ombre au diable, le dit en termes proprement kafkaïens. Ce poème, écrit en 1822, intitulé *Tragique histoire,* à la fois drôle et narratif se ressent, en effet, comme une fable de Kafka :

C'en était un qui prenait ça à cœur
Que sa natte lui pende ainsi derrière
Il voulait que ce soit autrement.

Aussi pense-t-il : « Comment faire,
Je me retourne et c'est fait... »
La natte lui pend derrière

Alors vite il tourne dans l'autre sens
Mais ce n'est pas mieux pour autant
La natte lui pend derrière

Il tourne à gauche et tourne à droite
Il ne fait ni bien ni mal
La natte lui pend derrière

Il tourne et tourne comme une toupie
En un mot ça ne sert à rien,
La natte lui pend derrière

Et voyez, il tourne encore
Et pense : « À la fin ça agira quand même. »
La natte lui pend derrière.

À la fois instruments et obstacles, comme aurait dit Jankélévitch, les « personnages » de Kafka sont la cause et l'effet de ce qui se dérobe. *« Les limites de l'univers abolissent leur atteinte. »* Dans *Le Château,* et ce n'est qu'un exemple parmi beaucoup d'autres similaires, K. attend dans la cour de l'une des deux auberges du village un fonctionnaire nommé Klamm (ce qui signifie « moite », si le nom toutefois a été choisi par Kafka pour son sens) dont dépend son avenir. De toute façon, Klamm n'arrivera qu'après le départ de K. et le départ de K., c'est l'arrivée de Klamm, or le fait de l'attendre correspond à son absence, sa présence n'est peut-être pas la cause, il y a simplement l'une et pas l'autre. *« Vous le manquerez de toute façon, que vous attendiez ou que vous vous en alliez. »*

Au chapitre XVIII du *Château* où K. a enfin la possibilité de rencontrer un autre fonctionnaire important, sa présence entrave la distribution des dossiers, qui marche très bien dès qu'il s'éloigne, et lorsqu'il entre au hasard dans une chambre, c'est celle du fonctionnaire qui explique tout à K. mort de fatigue et profondément endormi.

L'existence individuelle est son propre procès ; de hasard en hasard son parcours est inéluctable au sein de sa propre durée, elle ne dure qu'autant qu'elle dure. Elle n'est ni plus longue ni plus courte qu'elle n'est. *« Le temps qui t'est imparti est si bref que si tu perds une seule seconde, tu as déjà perdu ta vie entière car elle n'est pas plus longue, elle n'est toujours longue que du temps que tu perds »* écrit Kafka dans un récit intitulé *Protecteurs* et qui aurait aussi pu s'appeler « Intercesseurs » *(Fürsprecher).*

Au chapitre IX du *Procès*, intitulé « Dans la cathédrale », le procès est expliqué par lui-même. Le prêtre, du haut de la chaire dans la cathédrale vide, appelle *« Joseph K. »* tout comme le surveillant l'a appelé, au premier chapitre, lors de l'arrestation, il lui dit : *« Le verdict ne vient pas d'un coup, la procédure se change peu à peu en verdict »* et il lui raconte la parabole *« Devant la Loi »*. Un homme de la campagne demande à entrer dans la Loi, mais le gardien lui dit qu'il ne peut pas le laisser entrer encore. Il laisse l'homme de la campagne s'installer auprès de la Porte de la Loi, il y reste de longues années durant, s'affaiblit peu à peu et au moment de mourir, il appelle une fois le gardien qui lui dit *« "Que veux-tu encore ? Tu es insatiable. — Tous ne veulent-ils pas accéder à la Loi, dit l'homme, comment se fait-il que, pendant toutes ces années, à part moi personne n'ait demandé d'entrer ?" Le gardien de la porte se rend compte que c'est la fin et pour encore atteindre son oreille faiblissante, il lui crie : "Personne d'autre ne pouvait entrer ici car cette porte n'était destinée qu'à toi seul. Maintenant je la ferme et je m'en vais." »* L'homme de la campagne n'est rien que son attente devant la Porte de la Loi, il est de ne durer que le temps de son attente. Le prêtre explique la parabole à K. et lui montre comment le sens de la parabole est cette parabole que rien ne déborde, *« il n'est pas besoin de tout tenir pour vrai, il est besoin seulement de le tenir pour nécessaire »*. Il n'y a pas d'autre formulation que celle qui formule. Il n'y a pas d'autrement qu'il n'est autre.

« Tout fait partie du tribunal » dit le peintre Titorelli à Joseph K., et le prêtre lui dit aussi que le tribunal est partout où est Joseph K. Il est sa propre condamnation, sa condamnation, c'est lui. Il est son cheminement vers la mort, son *Sein zum Tode* (son être-à-la-mort) comme disait un philosophe allemand par ailleurs fort mal inspiré. L'un des autres accusés qui attendent chez l'avocat, un négociant nommé Block, dit à K. que *« beaucoup de gens prétendent reconnaître l'issue du procès sur le visage de l'accusé et surtout au dessin des lèvres. Or ces gens prétendent que d'après le dessin des vôtres vous seriez condamné à coup sûr et bientôt »* parce que Joseph K. est lui, celui qu'il est, origine et aboutissement du procès. L'adolescent qui va dans le bois couper, préparer et lier les verges de bouleau destinées à sa punition est dans une situation comparable, il peut retarder l'inéluctable, mais n'en subira pas moins l'issue fatale qui, après coup, le comblera, par retour imaginaire, comme un temps restitué.

Il n'y a rien à expliquer, il y a simplement ce qui arrive et ferme toute explication, toute interprétation, excluant tout arrière-monde. On ne remonte vers rien, il n'y a ni continuation ni issue. La perfection des moyens est le récit même. Dès le premier geste, tout est en place, tout est irrévocable comme pour le Médecin de campagne : *« Une fois qu'on a répondu au faux appel de la sonnette de nuit, il n'y a plus rien à faire. »* Tel est aussi le contenu du *Message impérial* : l'attente du message coïncide avec le voyage du messager, l'un et l'autre ne s'annulent peut-être pas mais ils sont simultanés. C'est fortuit et dès lors inéluctable. Tout se croise et se manque. Il y a une sorte de concomitance des contraires. Il se trouve que *« l'animal dérobe le fouet du maître et se fouette lui-même pour être maître et ne sait pas que ce n'est qu'une fantaisie produite par un nouveau nœud dans la lanière du fouet du maître »*, écrit encore Kafka dans les *Considérations*.

C'est du front que l'animal du *Terrier* se pousse en avant, ce front dont Kafka dit dans l'un des *Fragments* : *« Son propre os frontal lui barre le chemin ; il s'ensanglante le front contre son propre front.* » Kafka rejoint ici encore Ludwig Wittgenstein obsédé lui aussi par l'infranchissabilité du bord auquel toute pensée se heurte. C'est le même débordement ceinturé, la même implosion de sens. Wittgenstein écrit : « *Les résultats de la philosophie c'est la découverte de quelque pur non-sens et des bosses que l'intelligence s'est faites en fonçant contre les limites du langage.* »

Mais la philosophie le dit sans corps, sans les affres du corps, sans l'écriture du corps et sans sa faute. Et ce que la philosophie ne parvient pas à dire se fait irrévocable chez Kafka lorsqu'il note en juillet 1913 : « *Être tiré à l'intérieur d'une maison à travers la fenêtre du rez-de-chaussée par une corde attachée autour du cou et être hissé sans égards, sanguinolent et déchiré, comme par quelqu'un qui ne prêterait aucune attention, à travers tous les plafonds, meubles, murs et grenier jusqu'à ce qu'apparaisse sur le toit le nœud coulant qui a perdu jusqu'à mes restes en traversant les tuiles.* »

Une vie se construit largement sur les lectures fondatrices, sur les lectures de rupture qui inversent le cours de la normalité, qui ramènent, d'en dessous de soi-même, ce qu'on n'osait pas même formuler, à quoi il était interdit de penser. Les générations d'avant 1930 savent à quel point il était interdit de penser le corps. Dans les internats bien tenus on n'avait le droit de se laver qu'en chemise de nuit et l'été il était interdit d'ouvrir le col de sa chemise, la nudité était réservée au seul châtiment. Le corps du soi était illégitime. S'y ajoutait l'illégitimité d'exister sans autorisation, cette joyeuse honte désormais assumée après la traversée de Kafka. On l'a vu, c'est la dernière phrase du *Procès*.

Kafka est là où se fait radicalement la béance des mots, là où on est livré sans protection, sans abri ni certitude, là où le lecteur n'est plus pris en charge par ce qu'il lit. Comme l'écrit Patrice Loraux dans son beau livre *Le Tempo de la pensée* à propos de Joseph K. : *« Tu ne peux rien effectuer dont tu ne doives acquitter comptant le prix. C'est probablement cela un problème, l'impossibilité de te décharger sur le déjà accompli par l'autre. »* On ne peut se réfugier derrière Kafka ; ses écrits établissent, confirment l'insécurité, on n'est sûr que d'elle. Cette insécurité, ce risque, cette permanente exposition à la rupture et à la faute « signalent » la présence de la Loi, la Loi devant la porte de laquelle attend l'homme de la campagne, *« la loi introuvable »* dont parle un écrivain très tôt disparu, Christian Pierrejouan, dans *L'Envers* et tombé aussitôt dans le silence, tel qu'il convenait à cette loi ; en 1979 il avait écrit dans *MS* le livre précédent : *« Devenir homme, être resserré par la pureté d'une fonction, entrer dans une définition, j'en suis incapable. Et je sais quel sort m'attend : je ne ferai qu'errer toute ma vie autour de la loi sans jamais pouvoir coïncider avec elle, gêné par le poids de ma propre division. »* La loi est d'autant plus présente qu'elle est moins visible. C'est celle montrée dans des fables comme *Les Armes de la ville*, *Poséidon* ou *Petite fable* et tant d'autres textes de Kafka. Dans la loi, la parole est au plus juste, prise dans ses limites, sans débordement possible, mais environnée par le bruit de toutes parts, elle s'approprie à son énoncé.

La matière même de l'écriture de Kafka – c'est-à-dire la distance intérieure – est inépuisable, elle est toujours à recommencer puisqu'elle est toujours à égale distance. Parmi beaucoup d'autres, un court récit intitulé *Un Rêve* figure toute la logique de ce trajet qui se rejoint lui-même. Il était probablement destiné à s'intégrer au *Procès* puisque le personnage s'y nomme Joseph K. À peine celui-ci a-t-il fait deux pas, qu'il est au cimetière et en accéléré tout se met en place pour un enterrement qui se déroule au fur et à mesure qu'il approche. Des ouvriers qui tiennent une pierre tombale à bout de bras, la plantent dans le sol à peine K. est-il apparu. Un artiste est là qui se met à graver « Ici repose… » mais il a le plus grand mal à continuer malgré son aisance à manier le burin. Or K. se met soudain à creuser le sol de ses doigts, toujours plus vite, un grand trou s'ouvre dans lequel il tombe et *« pendant qu'en bas la tête encore dressée sur la nuque il était déjà englouti par l'insondable profondeur, son nom courait en haut, à toute vitesse, à grands paraphes sur la pierre »*. Toutes les fables sont bonnes pour tenter de cerner ce dont le sens est de se dérober en se posant. L'œuvre de Kafka, de récit en récit, de fragment en fragment, ne cesse d'exprimer la même pensée, la même parole irréductible, muette et infranchissable, cette distance qui s'éloigne d'elle-même, toujours à égale portée, rendue visible par le seul récit qui met en scène et la fait éclater. Elle n'a pas de dimension hors de la figuration qui la situe. Elle est le fait de chacun, mais chacun est le seul à ressentir ce qu'il ressent.

Toute la portée de l'œuvre de Kafka est là, dans cet extraordinaire ressassement, dans ce perpétuel affrontement, inlassablement recommencé. *« Si tu ne trouves rien ici dans les couloirs, ouvre les portes, ne trouves-tu rien derrière les portes, il y a de nouveaux étages et si en haut tu ne trouves rien, ce n'est pas grave, élance-toi dans de nouveaux escaliers. Aussi longtemps que tu ne cesses de grimper, les marches ne cessent pas sous tes pieds, elles s'accroissent et montent au fur et à mesure »* écrit-il à la fin de *Protecteurs.*

Odradek *(Le Souci du père de famille),* cet écheveau, innommé, entre les langues, tantôt ici, tantôt là-bas, « figure » cet insaisissable présent, ce « non-sens » au centre de ce qu'écrit Kafka, c'est l'abolition des arrière-mondes, des causalités et des explications. Il n'y a que de l'il-y-a et c'est cela à la fois la puissance et l'intimité de ce qu'écrit Kafka : nulle œuvre *vise* à ce point le lecteur, or tout, littéralement, se dissout à la lecture, face au texte inaltérable, toute interprétation échoue, comme échoue tout ce qu'on voudrait dire d'un quelconque lecteur de Kafka. Les balles de Blumfeld *(Blumfeld, un vieux célibataire)* sont là où il est et il est là où elles sont. Tout ce qui arrive est absorbé par ce qui arrive, toute ligne s'étend selon elle-même. Comme Patrice Loraux le montre si bien dans son analyse du *Pont,* le pont est de se retourner, de se retourner sur sa « fonction » de pont jeté par-dessus l'abîme, de se *reprendre* donc sous les pas de celui sur lesquels il se retourne. Tout est visible dans les récits de Kafka, tout est dit. *Les Armes de la Ville, Le Voisin, Petite Fable,* etc., tous ces textes disent la distance vide entre ses termes, à elle-même son propre intervalle.

Kafka a su donner sa forme particulière à ce qui est le plus général au point de la faire universelle. En Kafka, on revit cet échec du langage vécu dans l'adolescence, mais sans lequel le langage n'est pas. De savoir que le langage échoue, je tire ma liberté de parler. C'est de ne pas dire, que s'établit le « sens » même du langage. Ce qui manque est dans le texte lui-même, c'est justement ce qu'il dit. Une vieille lune, dira-t-on, n'empêche qu'elle brille toujours. La permanence de ce thème, à la fois infranchissable et toujours recommencé, est irréductible, comme je le suis moi, l'anonyme qui s'obstine à être et qui a appris à exister en ne se rendant pas, en persévérant à être, en dépit de la défense qui m'en fut faite. Ce qui est en jeu, c'est ce qu'on ne parvient pas à dire, « la part échappée ».

La littérature est sa permanente insuffisance. Son essence est de durer par sa nécessité même ; son inachèvement est sa raison d'être, c'est en quoi elle est « autobiographique » et réduction à la proximité extrême, anonyme, de la rencontre des « soi » telle que Flaubert l'exprime avec une grandiose simplicité dans une lettre du 26 décembre 1856 à Louis Bouilhet : « *Qu'ai-je donc pour me faire chérir à première vue par tout ce qui est crétin, fou, idiot, sauvage ? Ces pauvres natures-là comprennent-elles que je suis de leur monde ? Devinent-elles une sympathie ? Sentent-elles, d'elles à moi un lien quelconque ? Mais cela est infaillible.* »

Comme l'écrit aussi Peter Handke « *Kafka, c'est le peintre qui repeint la pièce à côté* ».

Tout livre est son manque, soit par son contenu, soit parce qu'il le manque. Mais deux petites fables pour finir vont donner la clé de ce qu'écrit Kafka, précisément en ne la donnant pas, dans toute la courte évidence de leur formulation, la première est intitulée *Renonce,* elle fait partie de l'ensemble intitulé *Description d'un combat* : « *C'était tôt le matin, les rues propres et vides, j'allais à la gare. Lorsque je comparai une pendule à un clocher avec ma montre, je vis qu'il était plus tard que je l'avais cru, il me fallait me dépêcher. L'effroi que me causa cette découverte me rendit le chemin incertain, je ne connaissais pas encore très bien la ville, par bonheur il y avait un gardien de la paix à proximité, je courus vers lui et lui demandai le chemin. Il sourit et dit : "C'est de moi que tu veux apprendre le chemin ? — Oui, dis-je, car je ne puis le trouver moi-même. — Renonce" dit-il et il se détourna d'un grand mouvement du corps, comme ces gens qui veulent garder leur rire pour eux.* »

Quelques pages plus loin, cette autre petite fable qui ne contredit pas la précédente : « *"Ah dit la souris, le monde devient de plus en plus étroit. D'abord il était si vaste que j'en avais peur, je courais toujours plus loin et fus heureuse de voir enfin à droite et à gauche de lointaines murailles, mais ces murailles se rejoignent si vite, que me voici déjà dans la dernière pièce et là-bas dans le coin il y a le piège vers lequel je cours. — Il te faut simplement changer la direction de ta course" dit le chat, et il la dévora.* » S'il en est ainsi, c'est parce que je suis là, moi le lecteur, le gêneur, l'irréductible obstacle, celui sur qui tout raisonnement achoppe et pour qui il faut inventer des démonstrations, celui qui empêche la pensée d'aller son train, celui qui empêche tout déroulement harmonieux, celui qui met du désordre dans le langage et ne cesse de le rendre impropre. S'il n'était pas là lui, l'anonyme, l'homme de la rue, tout irait pour le mieux : la pensée penserait (toute seule ?), l'écriture écrirait, tout « fonctionnerait », mais il est là, sur la route de toute chose, le « petit Juif » qui fait obstacle, lui, Franz Kafka. Kafka l'homme *« livré au délaissement le plus absolu »* comme dit Marlène Zarader dans *La Dette impensée.*

Nul peut-être autant que Kafka, ne s'est aventuré aussi loin dans l'expérience universelle de l'existence humaine, persévérer en dépit de tout, dans la certitude de l'inaboutissement, sous le signe de la Loi, dans l'irrémédiable présence du Dieu absent.

Table des chapitres

Chez le même éditeur

Françoise Asso
Déliement
Reprises
Pierre Bergounioux
Le Grand Sylvain
Le Matin des origines
Le Chevron
La Ligne
Simples, magistraux et autres antidotes
Un peu de bleu dans le paysage
Back in the sixties
François Bon
Temps machine
L'Enterrement
C'était toute une vie
Prison
Le Solitaire
Paysage fer
Mécanique
Quatre avec le mort
Joë Bousquet
D'un regard l'autre
Papillon de neige
Les Capitales
Géva Caban
La Mort nue
Esther Cotelle
La Prostitution de Margot
Didier Daeninckx
La Mort en dédicace
Autres lieux
Cannibale
Le Dernier Guérillero
Les Figurants
Main courante
La Repentie
Le Goût de la vérité
Le Retour d'Ataï
Emmanuel Darley
Un gâchis
Un des malheurs
Jérôme d'Astier
Les Jours perdus
Richard Dembo
L'Instinct de l'ange
Michèle Desbordes
La Robe bleue
La Demande
L'Habituée
Pierre Dumayet
Le Parloir
La Maison vide
La vie est un village
La Nonchalance
Brossard et moi
Eugène Durif
Une manière noire
Alain Fleischer
Mummy, mummies
Pris au mot
Quelques obscurcissements
Grands hommes dans un parc
Christian Garcin
Labyrinthes et Cie
Armand Gatti
La Parole errante
Œuvres théâtrales
La Part en trop
L'Enfant-rat
Notre tranchée de chaque jour
Gatti à Marseille
Les Analogues du réel
Le Monde concave
Opéra avec titre long
Michaël Gluck
Partition blanche
G.-A. Goldschmidt
Le Poing dans la bouche
Sylvie Gracia
L'Ongle rose
Gil Jouanard
Le jour et l'heure
C'est la vie
Le Goût des choses
Plutôt que d'en pleurer
D'après Follain
Mémoire de l'instant
Bonjour, monsieur Chardin !
L'Envergure du monde
Raymond Lepoutre
Ernesto Prim
Alain Lercher
Les Fantômes d'Oradour
Le Dos
Prison du temps
Pierre Marcelle
Contre la télé
Hugo Marsan
Le Corps du soldat
Le Balcon d'Angelo
Jean-Yves Masson
L'Isolement
Natacha Michel
Autobiographie
L'Écrivain pensif
Pierre Michon
Vie de Joseph Roulin
Maîtres et Serviteurs
La Grande Beune
Le Roi du bois
Trois auteurs
Mythologies d'hiver
Abbés
Corps du roi
Claude Pérez
Amie la sorcière
Conservateur des Dangalys
Jacques Réda
La Sauvette
Le Lit de la reine
Les Fins Fonds
Olivier Rolin
La Langue
Emmanuelle Rousset
L'Idéal chaviré
Saturnales de Swift
Jean-Jacques Salgon
07 et autres récits
Dominique Sampiero
La Lumière du deuil
Le Dragon et la Ramure
Michel Séonnet
Que dirai-je aux enfants de la nuit ?
La Tour sarrasine
Pierre Silvain
Le Jardin des retours
Bernard Simeone
Acqua fondata
Cavatine
Guy Walter
Un jour en moins

Cet ouvrage a été achevé d'imprimer en mars 2004
dans les ateliers de Normandie Roto Impression s.a.s.
61250 Lonrai
N° d'imprimeur : 04-0768
Dépôt légal : mars 2004

Imprimé en France